LETTRES
SUR L'ADRIATIQUE
ET LE MONTENEGRO

OUVRAGES DU MÊME AUTEUR :

LES VOYAGEURS NOUVEAUX, 6 vol. in-12......	12 fr. « c.
LES AMES EN PEINE, 1 vol. in-12.............	4 fr. « c.
LETTRES SUR L'AMÉRIQUE, 2 vol. in-12.......	8 fr. « c.
DU RHIN AU NIL, 2 vol. in-12...............	7 fr. « c.
LETTRES SUR L'ALGÉRIE, 1 vol. in-12........	3 fr. 50 c.
VOYAGE EN CALIFORNIE, 1 vol. in-12.........	3 fr. 50 c.
VOYAGES EN SCANDINAVIE, 2 vol. in-8.......	32 fr. « c.
HISTOIRE DE L'ISLANDE, 1 vol. in-8.........	16 fr. « c.
HISTOIRE DE LA LITTÉRATURE EN DANEMARK ET EN SUÈDE, 1 vol. in-8.....................	16 fr. « c.
HISTOIRE DE LA LITTÉRATURE EN ISLANDE, 1 volume in-8..............................	10 fr. « c.
HISTOIRE DE SUÈDE ET DE DANEMARK, 1 vol. in-8.	16 fr. « c.
LETTRES SUR L'ISLANDE, 1 vol. in-12........	3 fr. 50 c.
LETTRES SUR LE NORD, 2 vol. in-12.........	7 fr. « c.
LETTRES SUR LA HOLLANDE, 1 vol. in-12.....	3 fr. 50 c.
LETTRES SUR LA RUSSIE, 2 vol. in-12........	7 fr. « c.
SOUVENIRS DE VOYAGES, 2 vol. in-12........	7 fr. « c.
CHANTS DU NORD, 1 vol. in-12.............	3 fr. 50 c.
THÉATRE DE SCHILLER, 2 vol. in-12.........	7 fr. « c.
POÉSIES DE SCHILLER, 1 vol. in-12..........	3 fr. 50 c.

Sous presse :

LE JAPON, par M. ÉDOUARD FRAISSINET, 2 vol. in-12. 8 fr. « c.

Vu les traités internationaux relatifs à la propriété littéraire, l'auteur et l'éditeur de cet ouvrage se réservent le droit de le traduire ou de le faire traduire en toutes langues.

Les formalités prescrites par les traités seront remplies dans les divers États avec lesquels la France a conclu des conventions littéraires, et ils poursuivront toutes les contrefaçons ou toutes les traductions faites au mépris de leurs droits.

LA CATHEDRALE DE TRIESTE.

LETTRES
SUR L'ADRIATIQUE
ET LE MONTENEGRO

PAR

X. MARMIER

TOME PREMIER

PARIS
ARTHUS BERTRAND, ÉDITEUR
LIBRAIRE DE LA SOCIÉTÉ DE GÉOGRAPHIE, RUE HAUTEFEUILLE, 21

De l'Imprimerie de Ch. Lahure

BIBLIOGRAPHIE

DE L'ADRIATIQUE ET DU MONTENEGRO,

Dominio del mare Adriatico della serenissima republica di Venetia, da Fr. Paolo Sarpi. Venezia, 1685.

Voyage d'Italie, de Dalmatie et du Levant, par J. Spon et G. Wheler. 2 vol. La Haye, 1724.

Historia degli Uscochi scritta di Minucio Minuci Arcivesco, di Zara Venezia. 1683.

Ruins of the palace of the emperor Diocletian at Spalatro in Dalmatia, by Adam. In-fol. London, 1764.

Fortis Viaggio in Dalmazia. 2 vol. in-4°. Venezia, 1774.

Les Morlaques, par Mme J. Wynne. 2 vol. in-8°. Cet ouvrage, imprimé en Italie en 1788 par l'auteur, et dédié à Catherine II, n'a point été mis dans le commerce.

Voyage pittoresque et historique de l'Istrie et de la Dalmatie, rédigé d'après l'itinéraire de M. L. J. Cassas, peintre, par M. J. Lavallée. Grand in-fol. Paris, 1802.

Appendini. Notizie istorico-critiche sulle antichita, storia e literatura dei Ragusei. 2 vol. Raguse, 1802.

Geschichte der Freistadt Ragusa von Engel (Histoire de la ville libre de Raguse). 1 vol. Vienne, 1807.

Skizzen der physischen moralischen zustandes Dalmatiens und der Bucht von Cattaro (Esquisses de la condition morale et physique de la Dalmatie et des bouches de Cattaro), par Roedlich. Berlin, 1811.

Reise nach Dalmatien und in das Gebiet von Ragusa (Voyage en Dalmatie et dans l'État de Raguse), par le professeur Germarr. 1 vol. Leipzig, 1817.

Compendio geografico della Dalmazia con un appendice sul Montenegro, dell prof. Petter. 1 vol. in-18. Zara, 1834.

Reise S. Majestat des Konigs Fr. Aug. von Sachsen durch Istrien, Dalmatien und Montenegro (Voyage de S. M. le roi de Saxe à travers l'Istrie, la Dalmatie et le Montenegro), traduit de l'italien et annoté par le traducteur. 1 vol. in-8°. Dresde, 1842.

La Turquie d'Europe, par M. Ami Boué. 4 vol. in-8°. 1840.

Le Coste e Isole della Istria e della Dalmazia, di Marco de Casotti. 1 vol. in-18. Zara, 1840.

La Dalmazia, le Isole Ionie, di T. Cusani. 2 vol. in-12. Milan, 1842.

Les Slaves de Turquie, Serbes, Monténégrins, Bosniaques, Albanais, Bulgares, par M. Cyprien Robert. 2 vol. in-8°. Paris, 1844.

La Dalmazia descritta, del professore Carrara. 1 vol. in-4°. Zara, 1846.

Il mare Adriatico descritto, da Dottore Guglielmo Menis. 1 vol, in-8°. Zara, 1848.

Dalmatia and Montenegro, by sir G. Wilkinson. 2 vol. in-8°. London, 1848.

Reise nach Istrien, Dalmatien und Montenegro (Voyage en Istrie, en Dalmatie et dans le Monténégro), par M. Kohl. 2 vol. in-12. Dresde, 1851.

Highlands and Islands of the Adriatic, including Dalmatia, Croatia and the southern provinces of the Austria, by Peaton. 2 vol. in-8°. London, 1852.

Voyage historique et politique au Montenegro, par M. le colonel Vialla de Sommières. 2 vol. in-8°. Paris, 1820.

Montenegro und die Montenegriner (le Montenegro et les Monténégrins). 1 vol. in-8°. Tubingen, 1837.

Ein Besuch auf Montenegro (une Visite au Montenegro), par H. Stieglitz. 1 vol. in-8°. Stuttgart, 1841.

Albanien, Rumelien, und die Osterreiche montenegrinische Granze (l'Albanie, la Roumélie et les frontières de l'Autriche et de Montenegro), par M. le docteur Müller. 1 vol. in-8°. Prague, 1844.

Cernagora. Eine umfassende schilderung des Landes und der Bewohner von Cernagora (Montenegro) (Description complète du pays et des habitants de Montenegro), par Paic et Scherb. 1 vol. in-12. Agram, 1846. 2° édition, 1851.

Istorija Crnegore. Histoire du Montenegro jusqu'à l'année 1788, par Siméon Milutinovic. Belgrade, 1835.

Istorija Crnegore (Histoire du Montenegro jusqu'en 1830), par Milorad Medakovic. Semlin, 1850.

Geschichte des Fursthenthumes Montenegro (Histoire de la principauté de Montenegro), par Alex. Andric. 1 vol. in-8°. Vienne, 1853.

Montenegro and the Slavonians of Turkey, by Krasinski. 1 vol. in-18. London, 1853.

*Srbske narodne pie*me* (Chants populaires serbes), publiés par Vuk Stevanovitch. 3 vol. in-8°. Vienne, 1841-1846.

Volkslieder der Serben, trad. de Talvi. 2 vol. in-8°. Leipzig, 1835.

Die Gesange der Serben (les Chants des Serbes), par M S. Kapper. 2 vol. in-18. Leipzig, 1852.

Lazare, par S. Kapper. 1 vol. in-18. Vienne, 1851.

Historical view of the languages and literature of the Slavic nations, by Talvi. 1 vol. in-8°. New-York, 1850.

Die Süd Slaven und deren Lander (les Slaves du Sud et leur pays), par J. F. Neigebaur. 1 vol. Leipzig, 1851.

L'an dernier, la pensée de poursuivre une étude nouvelle, ou, s'il faut faire ma confession, l'amour incessant du voyage, cet amour qui s'accroît par la marche, *crescit eundo*, m'entraînait, à quelques mois d'intervalle, des plages lointaines de l'océan Atlantique sur les rives de l'Adriatique. Un souvenir vivace des Slaves du nord, qu'autrefois je m'étais plu à observer autour de la noble et charmante ville de Ludwigslust, dans les vastes plaines du Mecklembourg, au pied des coupoles dorées du Kremlin et sur les bords de la Vistule, me conduisait, par un désir de comparaison, vers les Slaves du sud. A des années de distance, l'imagination se reprend ainsi à des études interrompues, comme le cœur à des amitiés dont on a été quelque temps détourné par les circonstances. L'homme, après tout, dans quelque voie qu'il s'aventure, ne finit-il point par tourner, comme l'humanité, à peu près dans le même cercle de fantaisies ou de travaux, d'épreuves et de réflexions? Heureux si ce cercle est pour lui, selon l'image poétique de Goëthe, une spirale ascendante!

A défaut d'une de ces qualités intellectuelles dont j'admire la puissance, qui répandent un nouveau prestige sur les lieux, sur les faits les plus communs, et par leur contact magique changent en or les vulgaires métaux, je cherchais, pour donner à mon fidèle éditeur une raison d'accepter mon livre, et pour inspirer à notre cher et difficile sultan le public, la velléité de le lire, je cherchais sur notre vieille terre d'Europe quelques-unes des régions les moins explorées, et je m'arrêtais à la Dalmatie, au Montenegro.

La Dalmatie, nous l'avons possédée en nos jours de conquête universelle; nous y avons porté nos lois, notre esprit d'initiative; nous y avons fondé des monuments, et laissé, j'ose le dire, de nobles traces. Mais, depuis quarante ans, cette antique colonie romaine, inscrite quelque temps parmi les colonies de la France, et retranchée de la France par le trait de plume d'un congrès, a poursuivi, entre la petite mer qui la borde d'un côté et les provinces turques qui l'étreignent de l'autre, son humble, silencieuse, modeste existence si loin de nous, tellement en dehors de nous, qu'elle est devenue pour nous, dans ce retranchement d'un demi-siècle, une sorte de *terra incognita*, bien plus *incognita* que la lointaine Californie, ou l'antipode australien.

Le Montenegro, qui par l'étrangeté de sa nature, en ce temps où tout ce qu'il y a d'étrange obtient tant de succès, devrait éveiller la curiosité, le Montenegro est encore moins connu. A part les deux volumes un peu diffus et erronés de M. Vialla de Sommières, publiés en 1820, un très-scientifique chapitre de M. Boué, inséré dans les quatre volumes de sa *Turquie d'Europe*, et quelques belles, éloquentes pages de M. Cyprien Robert, je ne sache pas qu'aucun de nos compatriotes se soit occupé de cette sauvage highland de l'Adriatique, de ce rocher de Kabyles slaves, de ce nid de Caucasiens grecs, de ce clan de Rob-Roy. Non, j'oublie que, me trouvant un soir dans un salon où je parlais de mon projet d'excursion dans le Montenegro, un très-aimable jeune homme me dit : « Mais nous le connaissons votre Montenegro, il y a un opéra là-dessus. » C'est ainsi qu'il y a vingt ans, lorsque je m'en revenais tout fier d'avoir pénétré jusqu'aux banquises éternelles des glaces du pôle, jusqu'à la dernière pointe du Spitzberg, au temps où mon ami Ant. de Latour popularisait en France l'œuvre de Silvio Pellico, un député de l'opposition, qui venait de prononcer à la chambre un superbe discours contre le régime de la tyrannie, — la tyrannie de Louis-Philippe!! — me dit d'un air de componction : « Ah! vous venez du Spitzberg! vous avez vu la prison de ce pauvre Silvio Pellico! »

Et les Allemands nous accusent de ne pas savoir la géographie! les impudents!

Quoi qu'il en soit, j'allais au Montenegro, et il est arrivé que, pendant que je poursuivais paisiblement ma route vers cette pauvre terre obscure, soudain elle a été, par quelques coups de canon, éclairée comme par une sorte de comète flamboyante, ou d'aurore boréale. Elle a occupé, à sa grande surprise peut-être, pendant plusieurs mois de suite, la presse quotidienne et la presse pamphlétaire, les aides de camp de plusieurs généraux et la diplomatie. Enfin elle est devenue célèbre.

Je dois probablement à cette célébrité l'accueil dont ma modeste narration a été honorée dans la bienveillante *Revue contemporaine*. La raison de cet accueil est déjà effacée; car, dans le tourbillon de notre siècle, les émotions naissantes sont bientôt des émotions mortes.

Und die todten reiten schnell.

Et les morts galopent rapidement, a dit Bürger.

Mais ce qui est arrivé pour donner quelque relief à mon récit peut bien se présenter encore. Le Montenegro est par sa situation destiné à faire plus d'une fois à l'avenir résonner ses coups de fusil. C'est un avant-poste de guérillas entretenus par la Russie entre l'Albanie et l'Herzegovine. C'est un obus toujours chargé dont le tzar tient la mèche. Déjà la question d'Orient a mis en émoi les Monténégrins. Déjà ils aiguisent leurs poignards, ils préparent leurs cartouches, et le bruit se répand que leur prince a peine à contenir leur impatience. Pour peu que cette nouvelle complication des éternels embarras de la Turquie se prolonge, on verra les guerriers de la Montagne Noire jeter aussi leur fer dans la balance. Tandis que les Russes combattront sur le Danube, les Monténégrins s'élanceront sur l'Herzegovine, la Bosnie et l'Albanie. Dans cette lutte des peuplades slaves contre les hordes musulmanes, ce livre écrit avec une si pacifique intention de touriste, et celui que je publiais, il y a quelques années avec la même intention, sous le titre : *du Rhin au Nil*, peuvent devenir des œuvres de circonstance. N'est-ce pas pour moi une assez belle perspective ?

Lovely Square, novembre 1852.

I

FRIEDRIKSHAFEN. — SAINT-GALLES.

I.

FRIEDRIKSHAFEN. — SAINT-GALLES.

Vous l'aviez bien dit, que je n'irais pas en droite ligne dans le Montenegro. Je partais pourtant avec une fière résolution, la carte étalée sur la table, le doigt posé sur une ligne dont rien ne devait me faire dévier : *linea recta brevissima* : devise d'un homme illustre[1]. Je partais les yeux fixés sur une région si peu connue, qu'elle m'apparaît dans les vieux sentiers de notre vieille Europe comme un nouveau petit monde où je pourrais bien acquérir, en cette pleine omniscience de notre dix-neuvième siècle, la gloire si difficile à atteindre du plus grand des

---

1. M. Guizot. *So great a man!* Un si grand homme, dit M. Macaulay, le célèbre historien anglais.

Descubradores, la gloire d'un Christophe Colomb. Vous, cependant, vous me regardiez d'un regard doucement sardonique, vous souriiez de mes fermes projets, et de l'index, errant à droite et à gauche du chemin qui se déroulait directement devant moi, vous m'indiquiez des sinuosités de route, des tentations de paysages auxquelles je ne pourrais résister.

Vous aviez raison, et moi j'ai eu raison aussi de me conformer à vos prévisions et même de les outrepasser. La raison en une quantité de circonstances, c'est vraiment, je dois le dire, au risque d'établir un paradoxe, c'est cette charmante faculté qu'on appelle la folle du logis, c'est l'imagination. Chère, aimable folle qui, de son manteau diapré, nous cache les mornes réalités de la vie; qui, au son de ses joyeux grelots, nous entraîne loin des perfides voies où la flamme des cœurs s'éteint sous un chiffre, où la pensée se glace sous une laborieuse combinaison, où le céleste rayon de l'âme s'efface devant l'éclat d'une pépite californienne; l'imagination, joyeuse bohémienne, ennemie du souci matériel, oublieuse du lendemain, courant au hasard par monts et par vaux, partout où une fraîche vallée l'attire, où une fleur sourit à ses regards, où un oiseau matinal répond à sa chanson, où une des grandes scènes de la nature l'élève des brumes de la terre jusqu'aux divins espaces que la raison, dans son misérable orgueil, ne comprend pas et vers lesquels l'imagination s'élance sur les ailes de sa foi comme le condor au vol puissant sur les cimes des Andes.

Me voilà donc en marche avec cette séduisante compagne qui lit avec moi mes *Reisetaschenbücher*; qui, avec moi, en tourne les feuillets, et, à chaque page, jette sur un nom de ville ou de montagne, un prestige que j'essayerais en vain d'écarter. Ici, les *burgs* d'Allemagne avec leurs légendes de guerre et leurs traditions poétiques; là, les cascades aux flots d'argent et les cimes escarpées de la Suisse; plus loin, l'aspect original du Tyrol avec ses cabanes de pâtres suspendues aux flancs des rochers, ses beaux villages épanouis dans ses prairies, ses héroïques histoires d'une lutte nationale, qui se racontent à la veillée devant les portraits de Hofer et de Speckbacker. Quel espace et quel charme! Où aller? où s'arrêter? Il faudrait aller partout, et partout cueillir une feuille d'or du rameau sibyllique; écouter, sous de gothiques arceaux, la vibration d'un chant de Minnesinger; s'édifier, sous le portail de quelque humble chapelle, par de saintes légendes; entendre, au pied des tours massives, le son du cor des varlets; voir voler la nuit dans les airs, comme un météore, la bande éperdue du féroce chasseur, ou pénétrer dans les grottes éblouissantes habitées par les nains ingénieux.

Salut à toi, vieux Rhin! C'est en passant sur tes flots que je vais entrer dans cette poétique contrée. Salut à toi! du milieu de ce pont de bateaux badois et français que tu portes si patiemment sur ton noble sein! Des milliers de voyageurs franchissent sans cesse ton onde. Dans ta superbe indifférence, tu les vois aller et venir comme des nuées d'oiseaux nomades, tu ne gardes le souvenir d'aucun d'eux dans tes grottes de nacre, sous tes dômes de roseaux, et moi, hélas! comme je me sens saisi au souvenir de ma première traversée d'une de tes rives à l'autre, sur ce même pont vacillant, entre ces premières guérites de France et d'Allemagne ! Que j'étais jeune alors ! et quel monde merveilleux s'ouvrait à ma fantaisie depuis le bruyant village de Kehl jusqu'aux bords sablonneux de la Sprée ! Était-ce par les enchantements de la jeunesse que, le long des grands chemins, je croyais trouver dans chaque musicien ambulant un Mozart ignoré, que chaque jeune fille blonde m'apparaissait comme une dolente Marguerite, et chaque *vergissmeinnicht* comme un doux symbole du sentiment d'amour qu'il fallait à jamais vouer à l'Allemagne ? Était-ce par les enchantements de la jeunesse que toute cette vaste agglomération de petits royaumes et de petites principautés me semblait illuminée d'une auréole de poésie, et du nord au sud résonnant des *Lieder* de Goëthe, des ballades de Schiller.

O Jugend, Jugend Glück, und Jugend Lust !

dit le poëte allemand Immermann.

O Gioventù primavera della vita !

dit le poëte italien.

Est-ce fini? est-ce fini? Oh! Rhin aimé, si tu l'as ensevelie dans l'abîme de tes vagues, ne peux-tu me la rendre! Que je voudrais la reconquérir, fallût-il m'associer à un autre Ponce de Léon dans une périlleuse expédition vers une autre Floride, ou la chercher comme une perle dans l'abîme des mers de Ceylan, non pour empêcher la neige des années de s'étendre sur mes cheveux, et les rides de l'âge de sillonner mon front. Non. Qu'importe l'enveloppe, l'aspect de cette enveloppe de l'arbre humain, si, sous son écorce, il garde sa jeune séve; si, en plongeant ses racines dans le sol, il élève vers le ciel sa vivante cime? Qu'importent les filets plus ou moins vieillis d'une cage, si un riant oiseau s'y éveille dès le matin et y chante, le jour durant, sa prière à Dieu et son chant d'amour à sa compagne?

Je vais ainsi rêvant au passé qui ne peut renaître, aux jours qui ne peuvent sortir du gouffre où la destinée humaine les précipite, et je songe que, si l'homme voit d'heure en heure chanceler, puis tomber le magique édifice de son printemps, et traîne, ainsi que Renée, les illusions mortes à ses pieds, comme les feuilles flétries au déclin de l'automne, les peuples, dans leur longue et vaste existence de peuples, passent par les mêmes phases et subissent le même sort.

L'Allemagne, où je rentre avec la vive impression que j'en avais gardée, n'a-t-elle pas eu, n'avait-elle pas naguère encore, au moins en apparence, tout le prisme d'une verte et candide jeunesse? Puis une année d'orage est venue, année fatale dans les évolutions du globe, qui a tout d'un coup jeté dans une affreuse application les innocentes théories de ses philosophes, rompu ses lyres harmonieuses, entraîné ses poëtes dans l'orageux forum, et conduit ses honnêtes familles de paysans au désordre de l'émeute.

Il fut un temps où les Allemands méritaient peut-être de s'appeler les bons Allemands. Depuis, ils ont bien fait voir que la politique pouvait les rendre assez féroces. C'est pourquoi je veux fuir, tant que je pourrai, cette politique qui a éclaté comme la foudre dans le ciel d'azur de la rêveuse Allemagne, qui a roulé comme un torrent de principauté en principauté, portant partout l'effroi ou la dévastation. Que d'autres se fassent une grave étude de cette agitation des temps modernes, qu'ils appliquent leur génie à la régler, qu'ils aspirent comme le Neptune antique à prononcer le *quos ego* sur les têtes de la foule, pareilles aux vagues courroucées : pour moi, ce que je désire, c'est de trouver seulement quelque humble fleur de l'impérissable nature souriant au bord des abîmes creusés par les tourbillons humains, de contempler pieusement la sainte et placide œuvre de Dieu autour du fébrile mouvement des cités.

Passons donc la forteresse de Rastadt, dont une troupe d'ouvriers est occupée à relever les murs comme pour la préparer à un nouvel assaut. Passons Carlsruhe, cette *Belle au bois dormant*, qui fut si douloureusement réveillée dans son sommeil ducal, non par un beau prince entrevu dans un songe féerique, mais par le carnaval révolutionnaire de 1848. Passons la noble, pittoresque cité de Heidelberg, dont les tonnes électorales n'auraient pas contenu assez de vin pour apaiser la soif des réformateurs de la société. Passons la belle, élégante ville de Stutgardt, qui a vu l'un après l'autre ses poëtes s'en aller comme des alouettes surprises, effarouchées dans leurs sillons par une tempête : Lenau, perdant dans le désordre de son cerveau les dernières notes de ses mélodies; G. Schwab, mourant dans la demeure religieuse à laquelle il avait longtemps aspiré; Uhland, le chantre des vieilles ballades, se retirant tout meurtri des luttes parlementaires de la diète de Francfort[1].

Allons. Il est là-bas, dans une guirlande de prairies, dans une enceinte de montagnes, une nappe d'eau sur laquelle ne s'élève encore aucune tribune, un miroir qui ne reflète que les

---

1. Dans un de ses chants qui ont eu en Allemagne un si grand succès, Uhland a exprimé cette mélancolique pensée que j'essaye de traduire :

Lorsqu'aux rayons du soir, au sommet des côteaux,
Je regarde à travers les célestes campagnes
Les nuages pareils à de hautes montagnes,
Je me dis en songeant tristement à mes maux :
Est-ce là qu'est pour moi le vallon du repos?

Cher aimable poëte! ce n'est pas près de la montagne du congrès révolutionnaire de Francfort qu'il pouvait trouver le vallon du repos.

lueurs du ciel. Ce miroir, qu'on appelle le lac de Constance, est encadré entre les frontières d'un duché de deux royaumes, d'un empire et des cantons d'une république. Dans son étroite bordure de quelque vingtaine de lieues, il présente ainsi l'assemblage des traditions les plus anciennes et des formes de gouvernement dont on nous a fait, il y a quelques années, un idéal. Là est une des limites de la fière monarchie d'Autriche, qui lance son aigle à deux têtes sur les hordes modernes de la démocratie, comme au temps de Sobieski sur les hordes musulmanes; là est la limite de la religieuse Bavière, du pays de Wurtemberg érigé en royaume par Napoléon, de la riante contrée de Bade, cette idylle vivante de Hebel, et de la terre helvétique. Sur les eaux de ce lac, circulent d'industrieux bateaux à vapeur; sur une de ses rives, résonne déjà la locomotive du chemin de fer; sur les collines, sur les montagnes qui l'entourent s'élèvent les manoirs gothiques, les tours démantelées des vieux barons, les chapelles en ruines des religieux du moyen âge, à côté de l'active fabrique et de l'atelier bruyant.

Au milieu de ce mouvement de plusieurs races distinctes, des œuvres du passé, des créations récentes, ce lac se déroule dans sa sereine, immuable beauté comme un lambeau du firmament tombé dans les sentiers poudreux de la terre; et, sur les rives de ce lac, il est des lieux charmants, des villages pareils à des vignettes brodées avec une délicate fantaisie autour d'un voile de dentelle.

Il en est un, entre autres, Friedrikshafen; j'espère que vous le verrez, et je n'ai pas la prétention de le dépeindre. Je veux seulement vous dire l'impression que j'en ai gardée. Figurez-vous une large bande de terre, coupée en enclos, arrondie en arc, tournant comme une couronne de fleurs autour du lac limpide; derrière cette plage, revêtue d'une éblouissante verdure, ombragée par des arbres fruitiers, parsemée de kiosques et de pavillons, s'étend un cordeau de blanches maisons aux contrevents verts, comme celles que Rousseau se figurait dans un de ses rares moments de rêverie heureuse. C'est la ville. A l'une de ses extrémités, une antique église; à l'autre, un délicieux petit château surmonté de deux tours pareilles à deux de ces minarets d'Orient, du haut desquels le muezzin, cloche vivante, invite les fidèles à la prière ; en face, le large espace du lac, tantôt semblable à une énorme coquille de nacre, tantôt nuancé par les nuages qui y jettent, comme des écharpes flottantes, une ombre mobile ; plus loin, les hautes montagnes de Saint-Galles, d'Appenzell, dominées par la cime gigantesque du Saintis.

Sans cesse autour du petit port creusé là par les ordres de Frédéric Ier, pour favoriser le commerce de la Souabe avec le Tyrol et l'Italie, on voit s'élever de nouvelles habitations. Rentiers et négociants, bourgeois et laboureurs, quiconque vient s'établir là, cherche, avec une sorte d'instinct poétique, un site attrayant, un point de vue dégagé, et chacun veut avoir à côté de sa demeure un enclos, un jardin qui réjouisse ses regards. Les plus fortunés sont ceux dont le jardin descend en pente inclinée du seuil de leur porte jusqu'aux flots du lac. Chaque jour, le chemin de fer de Stuttgardt, les bateaux à vapeur de Lindau, de Constance, de

Bregentz, de Rorschach, amènent là une quantité de voyageurs, et à chaque convoi j'ai vu, par les beaux jours d'été, ces voyageurs se hâter de déposer leur malle à l'hôtel, et de courir qui deçà, qui delà, à travers les sentiers bordés d'aubépines. S'il en vient qui ont dans cette ville une affaire à traiter, c'est ce dont je ne puis douter. En tous cas, leur première affaire est de porter de côté et d'autre leurs regards et leur pensée. On dirait des légions de pèlerins conduits par une sorte de religion panthéistique sur ce petit coin de terre où l'air est imprégné de tant de parfums, où tant de fraîches images sourient aux yeux. Heureux celui qui, apportant là un tendre sentiment d'affection, s'asseoit le soir au bord du lac et y sent son cœur bercé dans ses rêves, au bruissement mélancolique des flots, à la lueur des étoiles !

Mais l'heure sonne, l'heure fixée d'avance dans un programme de voyage, qui ne peut avoir, après tout, qu'une élasticité restreinte. Les éléments ne se plieraient point à mes fantaisies; le mois d'août court follement au-devant du mois de septembre, et le Saint-Gothard, que je désire gravir après plusieurs détours et plusieurs haltes, n'écartera pas la neige de ses chemins en attendant qu'il me plaise de le traverser.

En face de notre excellent hôtel, un bateau à vapeur appelle les passagers tardifs par les sons précipités de sa cloche, par les palpitations de sa machine, semblables à celles d'un impatient coursier. Ce bateau est, de l'avant à l'arrière, couvert de gens de toute sorte : graves conseillers des États d'Allemagne, en cravate blanche, en frac noir, portant dans la hauteur de leur attitude le signe de leur dignité; étudiants insoucieux des honneurs des cours, jouissant gaiement de leur printemps, fumant leur pipe comme des Turcs, et ne la quittant que pour fredonner une note de Beethoven ou de Mozart; nobles et majestueuses douairières, magnifiquement ensevelies sous des flots de gaze et de dentelle; blondes et fraîches Fraülein, penchant la tête d'un air à la fois complaisant et timide vers d'élégants officiers, qui, n'ayant pour le moment point d'émeute à combattre, point de forteresses à conquérir, entreprennent bravement, comme on eût dit au temps de Mlle de Scudéri, le siége de ces jeunes cœurs.

De l'autre côté de la cheminée, aux secondes places, autre spectacle. Une foule de paysans, d'ouvriers, en grosses vestes en gros bonnets, à la figure morne, à l'œil terne. Pauvres gens! Il ne leur a pas été donné, par l'élan de l'éducation, d'élever leur esprit au-dessus des simples préoccupations de leur existence matérielle. Faut-il les en plaindre? Hélas! Quel difficile problème! Qui de nous peut dire que la culture de l'esprit soit un réel élément de bonheur, si le bonheur est dans le repos de l'âme? Qui de nous, en se laissant aller à l'entraînement de sa pensée, n'a senti cette même puissante pensée entrer dans son cœur comme la griffe d'un vautour, et ne lui a donné, après une heure d'enivrement, le nom que Byron lui donnait dans un sombre désespoir : *The demon thought*. Tandis que ces humbles passagers de l'avant du bateau s'en vont paisiblement rejoindre leur obscur foyer, en comptant seulement, kreutzer par kreutzer, ce qu'ils ont dépensé en route et ce qu'ils rapportent au logis, combien de brillants passagers, assis aux premières places, entourés de soins obséquieux, semant d'une main facile les ducats sur leur chemin, portent sous leur habit bariolé de rubans, ou sous leur mantelet de satin, le ver rongeur de l'ambition trompée, de l'orgueil froissé, de l'amour incompris? Dieu! Dieu! Que vos œuvres sont grandes à côté de nos petitesses, et qu'il est doux, en parcourant le lac de Constance, d'élever ses yeux vers vous, du milieu de ces inextricables misères de l'humanité!

Le bateau nous conduit à Rorschach, sur la rive du canton de Saint-Galles. Rorschach n'est pas une ville, c'est une grande rue, où sans cesse arrivent une foule de passagers et un amas de marchandises par les bateaux à vapeur du lac de Constance, par les diligences du Tyrol et de plusieurs cantons helvétiques. C'est une espèce de caravansérail où l'on ne campe pas, où l'on ne fait qu'une halte entre plusieurs régions qui se touchent sur la carte géographique, et qui sont fort différentes l'une de l'autre par leurs mœurs et leur dialecte.

Nous avons fait ici comme tout le monde:

nous avons traversé cette espèce de Bosphore aux arbres verts, aux murailles blanches, qui s'étend comme une rivière d'auberges et de petites boutiques entre la Germanie et la république helvétique. Nous montons d'ici vers Saint-Galles par une route dont les longs circuits adoucissent à peine l'escarpement, mais qui est semée de tant de jolies maisons, de tant de jardins arrosés par tant de vives fontaines, qu'on ne peut se plaindre de sa longueur. C'est le soir. L'air est frais, le ciel pur. Les deux chevaux qui traînent notre carriole de louage cheminent lentement à côté du conducteur, qui chemine comme eux sans les toucher de son fouet, de peur de leur causer une trop vive impression. Mais à chaque instant nous voyons s'entrouvrir à nos yeux toute une page d'une poésie champêtre, une véritable églogue, dont les églogues antiques ne peuvent donner une idée, et près desquelles nos galantes bergeries du dix-septième siècle apparaîtraient comme d'étranges fantaisies. Ce qui est réellement vrai est vrai dans tous les temps et dans tous les lieux. A voir les faneurs de Saint-Galles ramenant leurs lourds charriots chargés de foin odorant, nous nous rappelons les tableaux de Virgile et d'Homère; à voir les jeunes filles au corsage étroit, aux cheveux flottants, allant d'un pied léger puiser de l'eau à la fontaine, nous nous rappelons la Dorothée de Gœthe. Leur Hermann est peut-être timide et rêveur près de là; leur Hermann, dont la blonde figure doit se refléter dans le cristal de la source, à côté de la figure aimée; douce image de l'alliance de deux êtres, de l'absorption de deux existences dans le céleste azur d'un sentiment profond.

Au commencement de la nuit, à la lueur de la lune qui projette de fantastiques rayons sur la cime des montagnes, l'herbe des vallées et les façades des chalets, nous arrivons à Saint-Galles, une des vieilles cités de cette contrée, qui n'a point reçu des Romains son premier élément de civilisation.

En l'an 609, un des prêtres chrétiens des rives du lac de Constance vit entrer un jour dans sa demeure deux missionnaires irlandais, conduisant à leur suite douze prédicateurs, comme les douze disciples du Christ. Ces deux religieux, qu'un zèle ardent amenait de si loin dans une région sauvage, c'étaient saint Galles et saint Colomban, deux de ces intrépides pionniers du christianisme, au temps où l'on ne pensait pas encore aux pionniers du défrichement commercial de l'Amérique, deux de ces purs rayons de l'Évangile, qui s'avançaient, comme les colonnes de feu des Israélites, dans le désert des forêts et les ténèbres de la barbarie.

Saint Galles, trouvant le lac de Constance trop riant et sa tâche trop facile sur ces rives fécondes, s'en alla, à travers les rocs et les bois, chercher une demeure plus austère, et se fit une hutte, et planta sur un terrain inculte la croix de son Dieu, comme plus tard de hardis aventuriers ont été planter sur les plages du nouveau monde l'étendart des rois européens. A sa voix, comme aux sons d'une musique céleste, s'attendrit le cœur des barbares, ces barbares dont Rokken nous a dépeint en un seul vers la rude situation :

Dura viris, et dura fide, durissima gleba.

A l'exemple de sa vie modeste, charitable, laborieuse, ils assouplirent leur vie. Autour de sa cellule, les néophytes vinrent se ranger comme des écoliers autour de leur maître. Les bois obscurs furent abattus, les champs furent défrichés, et une industrieuse communauté de laboureurs, d'artisans, s'éleva peu à peu de chaque côté de l'église, qui était son guide et son mobile, son conseil en ce monde, son étoile vers l'autre. O noble, sainte légende du catholicisme, à ta source remontent, comme le cours de plusieurs fleuves puissants à un pur filet d'eau, l'histoire d'une quantité de peuples qui, dans leur grandeur actuelle, te méconnaissent ou t'outragent. Un pauvre prêtre d'Irlande a fondé la ville de Saint-Galles; ses successeurs ont eu là un cloître qu'ils illustrèrent par leurs études. Au moyen âge, l'abbaye de Saint-Galles fut une des Sorbonnes de l'Europe. Elle réunissait dans son enceinte des hommes d'un rare savoir; elle répandait autour d'elle le goût des lettres; elle recueillait des livres et des manuscrits précieux, que les démocrates actuels du canton énumèrent aujourd'hui avec orgueil, comme s'ils avaient pris eux-mêmes la peine de les chercher et employé leurs revenus à les acheter. Au seizième siècle, les fanatiques disciples de Luther entraient avec fureur dans l'église vénérée de leurs pères, dévastaient ses chapelles, brisaient ses images, et jetaient sur un bûcher les reliques de saint Galles, bienfaiteur de leurs aïeux, fondateur de leur cité.

Ces braves protestants qui s'acharnaient si pieusement à la démolition d'un autel, à la profanation d'une châsse, ont pourtant conservé le nom que le missionnaire d'Irlande avait donné à leur ville, à leur canton, et, par l'extension de leur industrie, ils ont porté sur une estampille commerciale ce nom évangélique dans des régions auxquelles l'humble religieux n'avait jamais songé.

Saint-Galles, chef-lieu d'un des plus vastes cantons de la Confédération Helvétique, est une ville de douze mille âmes, assez mal construite, composée d'une agglomération de maisons qui se serrent l'une contre l'autre en groupes irréguliers dans une vieille enceinte, et de deux capricieux faubourgs qui, avec leurs façades blanches, semblent, comme deux ruisseaux d'argent, tomber des remparts gothiques dans le bassin des montagnes. Sur ce plateau, élevé à 2000 pieds au-dessus du niveau de la mer, il n'y a pas de ressources agricoles ; mais les habitants de cette pente des Alpes ont suppléé par leur adresse à l'aridité de leur sol. Il existe en Suisse deux phénomènes industriels très-curieux à observer : l'un est celui du magnifique village de la Chaux-de-Fonds qui, à la cime d'un froid et stérile plateau, s'est élevé, avec ses hautes maisons, sur des rouages de montres ; l'autre est celui de la cité de Saint-Galles, étagé sur de plus légers matériaux, sur des tissus diaphanes. Dans l'active manipulation des œuvres de toutes sortes qui, par l'élan de l'industrie, tourbillonnent dans le monde, cette ville s'est fait une œuvre particulière, et en a jusqu'à présent conservé presque exclusivement le privilége. Elle tisse une quantité d'étoffes de coton, et brode la mousseline, les batistes avec une merveilleuse habileté. Autour d'elle, et à une longue distance de ses comptoirs, jusque dans le Rheinthal, jusqu'en Souabe et en Bavière, dans les villages de plusieurs districts, dans les châlets isolés, elle a créé comme une fourmillière d'habiles ouvriers qui, sous sa direction, exécutent de charmants ouvrages. Nous avons vu dans un magasin de Saint-Galles une étonnante variété de ces charmantes arabesques, de ces toiles d'Arachné; entre autres un mouchoir parsemé dans toute son étendue de fleurs et de guirlandes, orné à ses quatre coins de vignettes faites à l'aiguille avec une grâce et une délicatesse qui honoreraient le crayon d'un professeur de dessin. Ce mouchoir auquel plusieurs personnes ont employé neuf mois de travail, et qui coûtera un millier de francs, est destiné à la corbeille de noces d'une jeune fille de New-York, peut-être la fille d'un de ces intelligents spéculateurs américains qui ont eu la chance de faire coup sur coup trois heureuses faillites.

Saint-Galles a des agents et des comptoirs au-delà de toutes les mers, et façonne des broderies pour toutes les contrées du globe; broderies à bas prix pour les modestes populations de la Suède et de la Norwége; broderies de luxe pour les prodigues colons des Antilles; broderies fantastiques pour les nababs de l'Inde. Qu'une terre nouvelle se peuple, qu'un pays s'enrichisse, cette terre, ce pays deviendront les tributaires de la petite cité de Saint-Galles. Déjà elle a perçu un impôt sur les mineurs de San-Francisco, elle ira bientôt le recueillir dans les plaines de l'Australie.

Avec le produit de ces travaux, qui s'adressent aux regards les plus séduisants et aux plus puissantes fantaisies, les fabricants se construisent de splendides maisons, s'arrondissent de riants domaines, et les pauvres ouvrières qu'ils emploient gagnent quinze à vingt sous par jour à rester, du matin au soir, assises devant le tambourin sur lequel est fixé le léger tissu qu'elles doivent en quelque sorte peindre avec leur aiguille. Dès l'enfance, elles se mettent, sous les yeux de leur mère, à cette tâche qui sera celle de toute leur vie. Jeunes, elles commencent par les broderies les plus grossières, et finisssent de même quand leur vue s'est affaiblie. O tristesses et misères de l'industrie! Parmi les élégantes femmes qui, d'une main légère, prennent un de ces mouchoirs si richement brodés, ou s'endorment sous un de ces rideaux semés de bouquets de fleurs, combien en est-il qui songent aux souffrances que plus d'une malheureuse créature aura éprouvées en achevant chacun de ces coquets ornements, dans un chalet obscur, avec les soucis de la veille et ceux du lendemain !

Un jour, dans une de ces industrieuses habitations dispersées à travers les montagnes du canton de Saint-Galles, j'ai vu une de ces femmes qui, depuis le lever du soleil, travaillait avec tant d'ardeur que ses doigts en étaient roidis, que le contour de ses yeux en était empourpré. Près d'elle était un enfant pâle, frêle, assis sur un escabeau, appuyé sans force contre la muraille, s'en allant languissant et mourant de phthisie. La pauvre mère appliquait son dévouement à travailler avec ardeur pour lui procurer quelques-uns des remèdes dont il avait besoin, et ses forces à elle s'en allaient aussi déclinant, et à chacun des points qu'elle a faits pour quelque reine de salon, est attaché peut-être un amer sentiment du présent, une douloureuse crainte de l'avenir.

Une autre fois, au dehors d'une ville, au bord

d'un ruisseau, sous les branches ombreuses d'un tilleul, je vis une petite fille qui avait onze ans, m'a-t-on dit, et à laquelle on n'en aurait pas donné plus de six, tant elle était petite et faible. Elle avait la tête courbée sur son tambourin, et sa tâche absorbait tellement son attention qu'elle ne s'en détourna pas même quand je me mis à causer avec elle. J'appris qu'elle était orpheline, et qu'en brodant sans cesse elle gagnait environ sept sols par jour. En la quittant, je lui donnai à peu près le salaire d'une de ses journées, et j'entends encore retentir à mon oreille le doux et touchant accent avec lequel elle me dit en recevant mon aumône : *Dank Jhnen vielmal, vielmal.*

Si douloureuses que soient ces scènes éparses de la vie commerciale, ces images de la pauvreté résignée dans le splendide mouvement de la spéculation, elles le sont moins pourtant que dans nos grandes manufactures où des milliers d'ouvriers, esclaves de la nécessité, passent d'interminables heures, enfermés sous la rude surveillance d'un maître, dans un noir atelier, dans une atmosphère méphitique. Ici, du moins, chaque ouvrière est assise à son foyer; par sa fenêtre elle respire le grand air, elle voit devant elle verdoyer les flancs de sa colline ou fleurir les plantes de son jardin. Sans se détourner de son labeur elle jouit des dons précieux de la nature, de la lumière du ciel, des parfums du sol, ou de la quiétude de son toit agreste. Je dois le dire à l'honneur de la ville de Saint-Galles, son industrie a peuplé des terres arides, semé sur les coteaux des germes de bien-être, élevé jusqu'à la cime des rocs de vivantes habitations, et il est beau de voir ces grandes, superbes montagnes animées par l'action de l'homme, et l'on ressent je ne sais quelle douce surprise de cœur à trouver sur les hauteurs de Heiden, de Vogelinseck des maisons dont l'élégante construction ferait honneur à plus d'une de nos villes de province.

De ces hauteurs on descend par une suite presque continue de chalets, par une belle route bordée d'un frais gazon, dans le ravissant bassin de Rheinthal, qui, du sommet des pics dominant Altstadt, apparaît aux regards des voyageurs comme la vallée de Genève du sommet de la Faucille.

Pour moi, j'éprouvais, en parcourant ces lieux, une émotion qui leur donnait un charme particulier. L'ombre et l'arome des sapins me rappelait au souvenir de ma terre natale; l'aspect des blanches maisons, semées comme des nids de cigogne dans de verts enclos, me reportait aux jours de mon enfance, de mon enfance épanouie sur les montagnes de Franche-Comté.

II

LES BAINS DE PFEFFERS. — SCHWYTZ.

II.

LES BAINS DE PFEFFERS. — SCHWYTZ.

Par un détour dans le canton d'Appenzell, par la jolie petite cité industrieuse de Trogen, par une route des plus pittoresques entre des montagnes couvertes de hautes forêts de sapins, et des vallées ondoyant dans les montagnes comme des rubans verts, je suis rentré dans le canton de Saint-Galles, et me voici de nouveau au milieu d'un domaine fécondé, défriché par une corporation catholique et envahi par le pouvoir protestant.

Au commencement du huitième siècle, un zélé missionnaire traversait dans une pauvre barque le lac de Constance, descendait dans le Rheinthal. Cette belle, large vallée, où le travail est si facile et la récolte si abondante, n'était point ce qu'il cherchait. A ces hommes courageux il fallait une tâche pénible, des obstacles à vaincre, des périls à braver. Plus le chemin dans lequel ils s'aventuraient était roide et escarpé, plus ils s'en réjouissaient dans l'ardeur de leur zèle. Comme les anachorètes de la Thébaïde, ils se délectaient dans la souffrance de la vie matérielle et s'épanouissaient dans le désert. Comme les prédicateurs de la primitive Église, ils recherchaient les sites les plus sauvages pour y planter le signe de leur foi, et les populations les plus barbares pour leur porter la bonne nouvelle.

Le pieux Pirminius, qui avait déjà établi de côté et d'autre plusieurs cloîtres, conduisit au sein des forêts de Pfeffers une douzaine de jeunes disciples animés comme lui d'une même ardeur de propagation chrétienne, et y fonda une maison qui s'est acquis par ses travaux un noble renom.

Au pied de la montagne sur laquelle s'élevait son église, un chasseur découvrit en l'an 1000, à une vapeur flottant dans l'air, la source d'eau chaude où tant de malades vont maintenant, chaque année, chercher un remède à leurs infirmités. Cette source cachée au fond d'une sombre caverne, les religieux de Pfeffers en ont ouvert l'accès par une route taillée dans le roc ; ils ont construit près de là une maison, ils ont créé ainsi un des éléments de prospérité du canton de Saint-Galles. Pour les récompenser de leur œuvre intelligente, de leurs études scientifiques, de tout le bien que leur corporation avait fait autour d'elle pendant plus de mille ans, le gouvernement de Saint-Galles a dissous cette vénérable communauté, confisqué les domaines qu'elle avait peu à peu acquis par son labeur, ou agrandi par de pieuses dotations. Ce généreux gouvernement, en imitant la Convention qui, pour réjouir les patriotes de France, s'emparait des biens du clergé, a cependant eu un scrupule de conscience dont nos Danton et nos Robespierre se souciaient peu. Il a pris d'un seul coup une propriété évaluée à cinq cent mille francs, mais il a eu la délicatesse d'assurer aux religieux qui en étaient les possesseurs une pension viagère, une pension de mille huit cents florins au supérieur et de mille florins aux frères. Cette transaction accomplie, il a dû chercher dans sa prudence économique le moyen d'en tirer le parti le plus avantageux, et il n'y a pas manqué. De la maison abbatiale de Ragatz il a fait un hôtel qu'il loue à beaux deniers comptant. Du couvent de Pfeffers il a fait un hospice d'aliénés.

Singulier exemple des bouleversements modernes! Là ou retentissaient autrefois les chants de l'église, là résonnent aujourd'hui les cris désordonnés de la folie; là où régnait l'ordre par une sainte pensée, là il est établi par la camisole de force. Si vaste du reste que soit cet hospice, il ne l'est point encore assez pour contenir tous les fous qui, depuis vingt ans, ont entrepris en Suisse tant de superbes réformes.

Un dimanche j'ai visité le village de Pfeffers, répandu dans un frais vallon, au sein de deux collines qui l'étreignent et l'abritent sous leurs bois de sapins. Tous ses habitants étaient assis autour de l'église, immobiles, silencieux, entre la messe et les vêpres. Ne regrettaient-ils point la pompe religieuse de la vieille abbaye, et les pauvres qui se souvenaient du passé ne regrettaient-ils point les aumônes qu'ils recevaient d'une main de frère sous le portail du couvent? Pour avoir droit à cette aumône, à présent, il faut qu'ils deviennent fous. C'est acheter le pain quotidien un peu cher.

Je dois dire à la louange de la régence démocratique de Saint-Galles qu'elle a fait d'admirables travaux le long de la Tamina, du côté de la source, et organisé à Ragatz un excellent hôtel, l'un des meilleurs qui existent en Suisse.

C'est de là que j'essaye de vous écrire, que je l'essaye de mon mieux, non sans quitter souvent, je vous l'avoue, écritoire et papier pour m'asseoir rêveur à ma fenêtre et passer de longs moments à contempler le panorama qui se déroule devant moi. Je voudrais vous le dépeindre, et je suis sûr d'avance de ne pas y réussir, mais tel quel, prenez-le du moins comme une sorte d'aquarelle esquissée avec une bonne intention.

A mes pieds s'étend une large plaine, parsemée de rustiques habitations, d'arbres à fruits, de blés ondoyants et de verts gazons. Cette plaine est traversée par le Rhin qui descend des environs du Splügen, à une trentaine de lieues d'ici, et se promène à travers ces prés, ces sillons dans l'innocente et placide satisfaction de sa jeunesse, sans se douter du saut périlleux qu'il va faire à Schaffouse, des austères millionnaires devant lesquels il doit se courber sous le pont de Bâle, des romanesques aventures qui l'attendent entre Coblentz et Cologne, et de sa triste fin dans les sables marécageux de la Hollande.

Sur son autre rive s'élèvent en amphithéâtre les collines agrestes du canton des Grisons, et au-dessus de ces collines, la cime rocailleuse, escarpée de la Falknis, dont le magique aspect suffit pour démolir dès le matin tous mes projets de la journée, comme ces montagnes d'aimant dont parlent les vieux voyageurs qui démolissaient les navires en attirant à elles leurs ferrures.

Ceux qui n'ont vu la mer qu'en passant sur une plage ne s'imaginent point que cette immense nappe d'eau puisse à tout instant offrir aux regards une étonnante variété de tableaux. Ceux qui n'ont point vécu dans les montagnes ignorent également ce qu'il y a de mouvement et d'images au front de ces géants en apparence si uniformes.

Mers et montagnes, céleste grandeur de la nature, il y a dans la contemplation de votre suprême beauté un charme inexprimable dont nul autre ne peut donner l'idée, et quiconque a plongé son esprit dans cette contemplation ne s'en retire qu'avec une sorte d'éblouissement qui lui trouble les soins de la vie commune.

La Falknis, dont la crête aiguë s'élance au-dessus des montagnes qui l'environnent comme une flèche de cathédrale gothique au-dessus des murs d'une cité, m'attire sans cesse vers un nouveau spectacle. Tantôt sa cime chauve s'argente comme le crâne d'un vieillard à la lueur du jour; tantôt elle s'élève toute noire comme un phare dans l'ombre quand ses feux sont éteints. Des nuages s'amassent constamment à sa surface. Parfois ils se déroulent en légers flocons sur ses flancs comme une écharpe; parfois, au souffle d'un vent impétueux, ils courent et se précipitent sur ses rocs comme des cavaliers ailés; parfois ils revêtent sa sommité d'un voile azuré qui se confond avec l'azur du ciel. A tout instant ainsi la Falknis se montre aux regards avec un caractère différent, comme une figure impressionnée par un esprit mobile, et sur laquelle le rayon d'une joyeuse pensée succède à l'empreinte d'une morne douleur.

Près de l'hôtel est un autre point de vue très-étendu et très-saisissant. Dans une longue gorge, ouverte entre deux remparts de rocs comme une brèche profonde, bondissent les flots de la Tamina. Si c'est ce torrent qui a lui-même fendu comme une autre épée de Roland les deux montagnes dont il ronge la base, ou s'il n'a fait que se précipiter par une pente naturelle dans un gouffre creusé par un cataclysme, c'est une question qui rentre dans le domaine des géologues et que je ne puis songer à résoudre. J'aime mieux regarder et admirer dans l'humilité de mon ignorance l'effet de ces eaux impétueuses enflées par les cascades qui roulent avec le fracas de la foudre entre les forêts de sapins. A voir ces flots noircis par les couches d'ardoise qu'ils labourent et entraînent dans leur chute, on dirait les flots noirs de l'antique Cocyte; à voir l'espèce de caverne dont ils parcourent les sombres sinuosités, on dirait l'entrée du ténébreux Achéron.

Le long de ce torrent, les ingénieurs de Saint-Galles ont fait une route difficile, escarpée, qui çà et là taillée dans le roc vif, çà et là posée sur une muraille, est moins hardie, moins sauvage que le chemin de même nature qui va de Saint-Laurent à la Grande Chartreuse, mais souvent très-imposante. Sur les bords de cette route s'étend une ligne de tuyaux de sapin qui portent à Ragatz une partie de la source thermale de Pfeffers. Cette eau salutaire, qui va s'épandre dans les bains de marbre de l'hôtel, et soulager, l'été durant, une foule de malades, elle est cachée dans son canal. Les passants ne la voient pas et n'entendent pas son léger murmure; les passants ont les yeux fixés sur les nappes bruyantes du torrent. Que de fois ainsi dans la vie nos regards et notre pensée restent attachés au tumulte qui nous agite vainement, tandis qu'à côté de nous, à flots purs, passe dans l'ombre la source salutaire des bons sentiments qui nous rendrait le repos de l'âme !

Pendant près d'une heure, on chemine sur les rives de la Tamina, entre les forêts épaisses et les cascades fougueuses, puis on arrive à une étroite enceinte où est l'établissement premier des bains, une grande maison sombre qui a l'austère aspect d'un couvent. Là se réunissent tristement ceux qui sont vraiment malades, ceux qui vont aux eaux, non point pour chercher une distraction aux mondaines fatigues de l'hiver, ou pour suivre une des prescriptions de l'élégante société des salons, mais pour trouver un remède efficace à de réelles infirmités.

L'eau thermale que l'on fait venir à Ragatz perd en chemin une partie de sa vertu; ici, elle a plus de force, et cependant on n'est point encore à sa source. Pour y arriver, il faut pénétrer dans une grotte d'un quart de lieue de longueur par une sorte de pont appliqué sur les flancs du roc, au-dessus de la Tamina, inondé par la fonte des neiges, par les ruisseaux qui s'y jettent du haut de la montagne.

Nul être humain n'a pu s'aventurer pour la première fois sur ces frêles planches sans une singulière émotion. A ses pieds écume et mugit dans une ombre confuse l'eau du torrent; sur sa tête se resserrent des masses de rocs à travers lesquelles il n'entrevoit que comme un léger filet la clarté du jour. Ténèbres et fracas des eaux, pareils à celui d'un ouragan, sentiers rocailleux, voûte de rocs sur laquelle pèsent des montagnes gigantesques, tout est là réuni comme par une effroyable conception de romancier, pour surprendre et terrifier l'esprit, ou pour donner une idée des épouvantements de la Bible.

Au pied du mont Hécla, en regardant les Geysers lançant leurs jets d'eau brûlants du milieu d'une terre couverte de neige, les anciens Islandais croyaient voir le purgatoire. J'ai été aussi m'asseoir auprès des Geysers; j'ai été la nuit, sous ma tente, réveillé par le tonnerre de leurs éruptions; mais si je cherchais dans les scènes de la nature une image visible du dogme du purgatoire, elle serait là pour moi au terme de ce long chemin nocturne où l'on est séparé du monde entier, sous les grottes de Pfeffers, dans ce puits d'eau brûlante dont une foule de malades subissent la chaleur et l'odeur sulfureuse pour reconquérir la joie de la santé.

Au sortir de cet antre, il est doux de revoir

le vaste azur du ciel, de respirer le grand air, de redescendre dans le riant vallon de Ragatz.

Dans les voyages que je désire toujours faire, dans les voyages où l'on peut en toute liberté suivre sa pente comme un ruisseau, s'abandonner aux longs détours de sa fantaisie, il en est des lieux par lesquels on passe comme des hommes que l'on rencontre dans le mouvement varié des salons. Les uns, et quelquefois les plus vantés, n'éveillent en nous aucune émotion sympathique. D'autres, dont nous n'avons jamais entendu parler et où nous arrivons par hasard, nous séduisent de prime abord par un charme indéfinissable. Nous sentons que nos regards s'y reposent paisiblement avec notre vie, que notre âme, ailleurs comprimée, s'y entr'ouvre pour y verser dans un doux abandon ses plus riantes pensées. Nous en venons à causer avec eux comme avec de vieux amis, nous leur disons nos espérances et nos regrets, et il semble qu'ils répondent à chacune de nos émotions par l'éclat de leurs couleurs, par leurs accords joyeux et par le murmure plaintif de leurs eaux. Nous

nous en allons par de capricieux sentiers, semant sous leur feuillage, à travers leurs tiges de fleurs, tous nos pauvres songes aimés, et comme nous nous souviendrons de cette terre qui a reçu nos confidences, il nous semble qu'elle doit aussi se souvenir de nous dans sa gaieté du printemps, dans sa mélancolie de l'automne et jusque sous son froid linceul d'hiver. Nouvelle folle illusion à joindre à tant d'autres! Nous avons jeté le plus pur grain de notre âme au sol où elle ne peut germer, aux vents qui s'en jouent. Mais telle est l'impulsion et la force d'assimilation de l'homme qu'il ne peut, quoi qu'il fasse, rester en lui-même concentré. S'il s'éloigne de la société, il n'échappera point par là à la loi de son être qui est une loi d'affection. Il fuira dans la solitude et ne fera que transporter au sein de la nature l'ardent besoin d'expansion et de sympathie qu'il ne veut plus confier au monde.

Aux bains de Ragatz, il n'y a point de tables de jeu comme à Baden, on n'y entend point résonner l'orchestre du bal comme à Hombourg, et leur administrateur ne les fait point prôner à grand renfort de réclames dans les journaux ; de là vient qu'ils ne sont fréquentés que par des malades qui en ont vraiment besoin, ou par des voyageurs qui se dirigent vers le Splügen. Quiconque pourtant y sera venu, non point par une douloureuse nécessité, mais par l'attraction d'un beau site, voudra s'y arrêter et désirera y retourner.

D'ici je vais dans une ville encore moins fréquentée, dans la petite ville de Schwytz, qui m'apparaît dans l'itinéraire de la fashion, comme une humble aquarelle au milieu des brillants tableaux près desquels s'empresse la foule des touristes.

Par une agréable promenade dans le Rheinthal, au pied des coteaux de vignes et de quelques manoirs en ruines, on arrive dans la vieille bourgade de Wallenstadt ; par un bateau à vapeur on traverse le lac qu'elle domine, coupe d'eau assez riante, mais décrite en termes trop emphatiques dans les volumes de Baedeker et d'Ebel. Par une barque pontée qui me rappelle les pacifiques *treckuit* hollandais, on traverse un large canal et l'on entre dans le canal de

Zurich, ce beau lac qui par malheur ressemble un peu trop à une décoration d'opéra, avec une foule de prétentieuses élégantes qui y étalent les dernières gracieusetés de la mode, et une quantité de jeunes ou vieux lions avariés qui, l'été durant, y circulent comme de mélancoliques sonnets ou de coquets madrigaux.

Je connais ce chef-lieu de canton qui déroule ses blanches maisons au bord de ce lac, et y mire ses anciennes tours avec ses nouvelles fabriques. Le mouvement des temps modernes a fait de Zurich une ville à double face. Sur la pente de ses collines sont les rues étroites, les petites boutiques, les maisons closes où tout respire la fière indépendance de la nation helvétique, le froid individualisme du dogme protestant, de la prédication de Zwingle, le Luther de cette contrée. Sur les rives du lac éclate l'action de la vie moderne, avec son industrie, son amour du luxe et son cosmopolitisme; hôtels et magasins, laborieuses manufactures et boutiques splendides, domestiques complaisants et bateliers obséquieux, tout un monde de gens empressés est là qui parle toutes les langues, admet toutes les religions, et ne s'inquiète en aucune façon de quel pays on vient, pourvu qu'on ait des ducats à dépenser.

Trois hommes sont nés en cette ville qui en représentent les vrais caractères : Zwingle, qui lui a donné l'empreinte de son rigoureux enseignement ; Gessner, qui a fait l'idylle des frais vallons de la Limath ; Zschokke, qui a dépeint les mœurs honnêtes et naïves de la famille. A ces trois personnages illustres, il faudrait en ajouter un quatrième qui tiendra une grande place dans l'histoire des sociétés nouvelles, qui ne peut être enregistré dans aucune biographie, un être puissant, un être multiple que je ne puis désigner que par le nom de *Lucre*, et dont Lavater, cet autre enfant de Zurich, a lui-même, sans y songer, décrit dans sa physiognomonie les différents traits d'astuce et d'audace, de douceur sournoise et d'impudence.

Mais l'idylle est déjà loin, la peinture domestique passe peu à peu à l'état de tradition, tandis que l'amour du lucre se répand comme un fluide corrosif dans les villes et les campagnes. La bonne, naïve, noble Suisse des anciens temps, qui la reconnaîtrait aujourd'hui à l'idée que l'on s'en serait faite d'après ses chants héroïques et ses légendes? Le protestantisme est venu qui a brisé l'unité de sa foi, renversé comme une avalanche les monuments de sa vie primitive, écrasé les fleurs de sa poésie; l'industrialisme est venu ensuite qui lui a jeté une odeur de cuivre au milieu de ses plus purs parfums; les Anglais sont venus qui, ne pouvant faire une île coloniale de cette région de montagnes, l'ont asservie à leur *humour* par la puissance de leurs banknotes. Où trouver là désormais les candides Claudines de Florian, et les intrépides paysans qui, du haut de leurs rocs, brisaient les armes de l'Autriche et de la Bourgogne? Les belles Claudines s'amusent à voir les voyageurs attirés comme des poissons à la ligne de leurs cheveux flottants; les descendants des héros de Sempach vendent du mauvais vin à l'enseigne de Winkelried. La Suisse vend à tout venant les trésors de sa merveilleuse beauté, l'azur de ses lacs, la robe étincelante de sa Yungfrau, la couronne de perles de son Mont-Blanc; de ses vallées, elle a fait des places de fiacre; de ses sentiers agrestes, des étapes de voituriers et des cabarets; de ses glaciers, un bazar; de son admirable nature, un comptoir.

Allons, allons, il est encore çà et là sur cette terre peuplée de tant de poétiques souvenirs, des chemins moins sillonnés, des villes ou des villages qui ont échappé à l'universelle contagion.

Je laisse donc Zurich de côté, et n'en paye pas moins cher une lourde voiture de Richterschwyl pour me conduire à Schwytz. Le chemin est montueux, malaisé, et nos chevaux, qui ne sont pas de forts chevaux, y traînent péniblement notre coche; mais ils ne vont point trop lentement pour celui qui, n'ayant nulle affaire à traiter, nulle mission à remplir à une longue distance, peut se complaire dans les diverses scènes d'un paysage. A chaque instant nos yeux sont attirés vers une clairière ouverte dans la profondeur des bois, vers un chalet qui rit au soleil sous ses rameaux de sapins; et comme nous n'avons point à redouter le sort de la femme de Loth, à chaque instant nous nous retournons en arrière pour voir dans sa ceinture de forêts et de coteaux le lac de Zurich, pareil à une glace enchâssée dans un cercle d'émeraudes.

De l'autre côté de la montagne, nous voyons se dérouler à nos pieds la charmante vallée qui touche au lac de Zug, au lac des Quatre-Cantons, et dans un de ses replis enferme comme une coquille de nacre le petit lac de Lowertz. En face de nous est la haute cime du Righi; à notre gauche les deux rocs nus qui s'élèvent au-dessus de Schwytz comme deux géants pétrifiés; on les appelle les Mythes. Est-ce un dernier indice de quelque fait mythologique oublié par lequel les anciens habitants auraient expliqué l'existence de ces colosses au front chauve?

Entre ces pyramides couronnées de rocs et les sommités arrondies du Righi, et la chaîne de collines, de montagnes qui s'y rejoignent, la vallée de Schwytz apparaît comme un petit monde fermé par plusieurs colonnes d'Hercule. Et quel charmant petit monde! quel calme dans ce bassin de verdure! quelle délicieuse variété de points de vue dans ces enclos d'arbres à fruits, dans ces villages groupés autour de leur église, dans ces rustiques maisons dispersées çà et là au bord d'une eau limpide, au milieu d'un champ de maïs ou d'un épais gazon !

Cependant il y a eu là d'effroyables commotions, des heures de désastre dont le souvenir émeut encore tous les cœurs ; il y a eu là, au commencement de ce siècle, une nuit de bouleversement qui fut, pour les habitants de ce vallon, comme la nuit éternelle du jugement dernier.

Le 2 septembre 1806, vers les cinq heures du soir, les gens de Goldau entendirent un épouvantable craquement, et en portant leurs regards vers le Rufiberg qui s'élève en face d'eux, ils virent ses rocs se mouvoir, ses sapins trembler, et sa tête vaciller comme celle d'un homme ivre. Sans se rendre compte encore du péril qui les menace, ils sonnent le tocsin, ils appellent à eux leurs femmes, leurs enfants, ils se rassemblent comme des oiseaux tremblants à l'approche de l'orage; ils courent à l'église s'abriter sous l'aile de Dieu, et un instant après la catastrophe éclate. Une masse de rocs minée par l'infiltration des eaux, une masse de rocs de plus d'une lieue de longueur se détache de ses racines et se précipite, avec l'impétuosité de la foudre, au sein de la vallée, entraînant dans sa chute la forêt qui les recouvrait, comblant les ravins et les champs, écrasant sous ses avalanches de pierre hommes et animaux, maisons et clochers, et laissant à la place d'un vallon fleuri, d'un village prospère, un horrible amas de rochers et de décombres, de cadavres en lambeaux et d'habitations pulvérisées. Plus de cinq cents hommes périrent dans ce cataclysme, et ceux qui y échappèrent par un heureux hasard se trouvèrent complétement ruinés. L'écroulement de la montagne était tel, qu'en atteignant le lac de Lowertz, il en fit rejaillir les eaux jusque dans le lac de Zug.

A un demi-siècle de distance on ne peut, sans une profonde émotion, mesurer les ravages de cette nuit effroyable. Sur un espace de plusieurs lieues, tout le terrain a été bouleversé, exhaussé ou creusé. Sur le sol de Goldau, on ne voit que des rocs et des pierres énormes, et chacun de ces rocs cache le deuil d'une famille, et chacune de ces pierres est un tombeau; cependant, des bandes de gazon, des arbustes revêtent déjà ces sinistres débris; des plantations de pommes de terre fleurissent sur ceux que le temps a recouverts d'une terre végétale. Les fils des pauvres victimes de Lowertz, d'Arth, de Goldau sont revenus dans le domaine de leurs pères comme des marins qui, après un ouragan, retournent sur le navire échoué à la côte pour y recueillir les débris de leur naufrage.

Sur les ruines de l'ancien Goldau s'élève aujourd'hui un nouveau village animé, enrichi par les voyageurs qui visitent les lacs des environs et montent au Righi. Près du tumulus sous lequel fut ensevelie la vieille église des aïeux avec sa corporation de fidèles qui y périt dans une dernière prière, on voit briller la flèche d'une église récemment bâtie, avec sa croix, éternel emblème d'espoir et de confiance. Et sur cette scène de dévastation une naissante et active communauté se reconstitue;

le sol ravagé par le Rufiberg est labouré partout où il peut l'être, et la population actuelle de Goldau fait servir à son labeur les rocs qui ont anéanti les biens, la vie de tout une génération. Sur un de ces rocs, un industrieux aubergiste a établi un belvédère d'où l'étranger peut à loisir contempler, dans son désolant aspect, cet Herculanum helvétique. A d'autres rocs s'adossent, comme à un ferme rempart, des maisons de paysans, et de hardiesse en hardiesse les laboureurs de la contrée en sont venus jusqu'à porter leurs habitations sur les flancs du terrible Rufiberg, comme pour braver sa sauvage fureur.

Dans le lac de Lowertz, où cette montagne a jeté une partie de ses entrailles, est une petite île d'une grâce idéale, une corbeille de fleurs du milieu de laquelle surgit le toit d'une rustique demeure, et la façade grise d'une vieille tour. Vive végétation, paisible foyer de la famille, légende d'un château dont il ne reste que les remparts, tout est là réuni pour donner à l'âme l'idée d'une douce solitude, et à l'imagination un romanesque élan. C'est un pêcheur qui habite cette retraite que plus d'un poëte envierait pour en faire la tour d'ivoire de ses rêves. Il en sort le matin avec sa barque, il va jeter ses filets autour de son nid, tandis que sa femme teille le chanvre récolté dans son enclos. Et cette île apparaît comme un berceau de verdure, comme une gerbe abondante, en face de l'horrible montagne qui a failli l'écraser.

La nature, dans l'infinie puissance, dans l'infinie bonté de Dieu dont elle est l'image, répare elle-même les plaies qu'elle a faites par une de ses tempêtes. Les monuments que les peuples renversent dans leurs révolutions, que de temps ils emploient à les reconstruire, si jamais ils les reconstruisent! La nature, au contraire, répand partout les germes de sa séve féconde : de son œuvre de destruction sort un principe de génération ; de sa mort apparente jaillit l'arbre ou la plante; elle jette au front des murailles en ruines sa couronne de lierre, ses réseaux de clématite, elle parsème de fleurs le tertre des sépulcres. Elle est, dans l'éternelle action de sa force vitale, le symbole de l'éternelle vie de l'âme animée par un souffle céleste qui ne peut s'éteindre.

A l'une des extrémités de la vallée de Goldau, à la dernière inclinaison d'une montagne, s'élèvent les blanches maisons de Schwytz, capitale d'un des vingt-deux cantons dont se compose la confédération helvétique, une honnête et modeste capitale comme il en existe peu dans le monde : dix-neuf cents habitants dans son enceinte, vingt-deux mille dans l'État qu'elle régit. On n'y voit ni habits brodés, ni bâtiments somptueux, ni arsenaux; ses bourgeois sont de simples paysans, ses patriciens de bons propriétaires qui ne dédaignent pas de cultiver eux-mêmes leur patrimoine, et que l'on va prendre à la charrue comme des Cincinnatus pour rédiger un décret, pour gouverner la république en un moment de péril. A cinquante pas de distance de la place de la cathédrale, qui est la place du marché, on entre en pleine campagne. En un quart d'heure, on a fait le tour de la cité.

Écartée des grandes routes et du mouvement industriel de la Suisse, la candide ville de

Schwytz repose encore au pied de ses Mythes dans le calme innocent de sa vie primitive. Les dernières agitations de l'Europe l'ont surprise sans l'ébranler; les clameurs des partis révolutionnaires ne sont arrivées à elle que comme un écho mourant. Elle n'a qu'une imprimerie employée à la publication de ses actes officiels, un petit journal qui lui donne périodiquement une naïve chronique des événements du monde, une librairie qui ne renferme que des livres d'instruction et de piété. Par la faiblesse numérique de sa population, elle a pourtant été obligée de céder au mouvement démagogique de la confédération. Elle a vu sa corporation de jésuites expulsée par un arrêt du conseil helvétique; mais elle possède encore un couvent de capucins, un couvent de religieuses, et à quelques lieues de distance est son illustre couvent d'Einsiedlen, dont elle raconte avec orgueil l'histoire miraculeuse.. Fidèle au culte catholique de ses pères, elle se plaît à embellir ses églises, et bâtit sur ses sentiers des oratoires devant lesquels personne ne passe sans s'incliner pieusement.

Elle croit encore, l'heureuse ville, à l'efficacité de la prière, à la protection de ses reliques et de ses saints. Le dimanche, j'ai vu tous ses habitants s'agenouiller avec empressement dans les nefs trop étroites de ses chapelles, et les jours de la semaine ils s'y rendent de bonne heure aux premiers sons de la cloche, puis s'en vont avec plus de courage labourer leurs champs ou cueillir, au péril de la vie, l'herbe qui pousse entre les interstices des rochers au sommet des montagnes, car ils sont pauvres pour la plupart, ces braves habitants de Schwytz. Quelques arpents de terre sont, pour beaucoup d'entre eux, une fortune ; quelques vaches, un notable revenu, et quelques bottes de foin qu'ils vont faucher intrépidement au haut des Mythes, entrent dans leur grange comme une précieuse moisson.

Peu d'étrangers s'arrêtent ici ; j'ai été pendant une semaine le seul hôte de la vaste maison de M. Hediger, et j'y ai joui d'une vie de bien-être, de quiétude que je n'avais pas goûtée depuis longtemps. Si quelque jour je puis encore m'enfuir en toute liberté du tourbillon de

Paris, c'est là que je voudrais aller m'asseoir. Si je cherche à me faire l'idée d'une calme, honnête et attrayante république, c'est à Schwytz que je retournerai la chercher.

III

LE LAC DES QUATRE-CANTONS
LE SAINT-GOTHARD. — LE LAC MAJEUR

III.

LE LAC DES QUATRE-CANTONS.
LE SAINT-GOTHARD. — LE LAC MAJEUR.

Le bateau à vapeur de Lucerne traverse deux fois par jour le lac des Quatre-Cantons, mais, pour remplir sa mission industrielle, il ne s'arrête que quelques minutes à ses différentes stations, et court au plus vite à son but. De l'hôtel de la ville de Brunnen, je le vois prendre à la hâte une douzaine de voyageurs, puis s'enfuir vers Fluelen comme un messager qui n'a point le temps de regarder le paysage, qui doit le plus tôt possible faire son trajet. C'est dommage de traverser si rapidement des lieux qu'on ne se lasserait pas de contempler. Une barque est là avec trois honnêtes rameurs qui s'offrent à me conduire, en quelques heures, aux points que l'agile bateau a le malheur d'atteindre en vingt minutes. A côté de la fière vapeur, cette barque me semble une délicieuse invention, et les bons bateliers qui ne me demandent que six francs pour me transporter à Fluelen m'apparaissent comme des gens très-modestes et très-désintéressés; peut-être qu'ils aiment aussi leur lac et se réjouissent de le montrer!

Avec les forêts de sapins qui l'entourent comme les replis d'un mystérieux rideau, les montagnes qui le serrent ainsi qu'une ciselure d'artiste serre le diamant qu'elle enchâsse, les collines qui çà et là descendent en pente douce jusqu'aux bords de ses flots comme pour y mirer leur robe de fleurs, et les hautes cimes qui le gardent au loin avec leurs remparts de neige et leurs pics de glace, ce lac est pour moi, dans son cadre restreint, l'un des tableaux les plus complets qu'il soit possible de voir en Suisse.

Et ce lac si riant à sa surface, si imposant par son enceinte, que de souvenirs s'éveillent à son aspect! que de nobles traditions se sont d'âge en âge perpétuées sur ses bords! C'est de là qu'on a entendu résonner dans l'espace le premier cri de la liberté helvétique, non point un de ces cris désordonnés qui, depuis, ont si douloureusement agité les États et troublé le cours des nations, mais le mâle et fier accent d'un peuple que l'étranger outrage, que des maîtres cruels oppriment, et qui aspire à reprendre l'indépendance que la nature semble avoir voulu lui assurer elle-même par ses bastions de glace, par ses remparts de rochers.

Une nuit, à la clarté de la lune, ce lac a dans son onde reflété l'image des trois hommes au cœur héroïque, qui se réunissaient dans leur majestueuse solitude, sous la voûte du ciel, pour jurer d'affranchir leur patrie d'un joug odieux; d'une de ses rives est partie la flèche de Tell, et ses échos se sont réveillés au son de la corne d'Uri dont une tribu de pâtres fit un clairon victorieux.

A moitié chemin de Flüelen nos bateliers nous arrêtent au pied d'un vert plateau sur lequel on monte par un sentier qui serpente entre des pommiers et des poiriers comme dans un champ de Normandie; c'est le Rütli. Là est un chalet habité par une famille de paysans, gardiens de ces lieux mémorables; et à quelque distance du chalet, une cabane en bois construite à la place même où, il y a cinq siècles, dans la nuit du 8 septembre 1307, Walther Furst, Werner Stauffacher, et Arnold de Melchthal, représentaient la confédération d'Uri, de Schwitz et d'Unterwalden, premier noyau de la confédération helvétique.

A notre approche, une jeune fille aux blonds cheveux, aux yeux bleus comme l'eau du lac près duquel elle est née, au visage vermeil comme nos fraises des bois, descend du chalet, accourt vers nous d'un pied léger, nous ouvre la porte de la cabane, et nous montrant trois sources réunies sous un même toit, nous offre, avec une grâce pudique, un verre pour y puiser. Ces trois sources ont, dit-on, jailli de terre sous les pas des trois libérateurs de la Suisse. Chaque sentiment profond idéalise la réalité; chaque religion a sa poésie, et l'amour sincère de la patrie est aussi une religion. Qu'un naturaliste vienne au Rütli, il s'enorgueillira peut-être de démontrer que ces sources proviennent tout naturellement de la fonte des glaciers, et qu'elles ont dû de tout temps se réunir sur ce point, par une même pente. Cruelle lucidité de la science! Qu'il est bon quelquefois d'ignorer! qu'il est doux de croire naïvement en ces temps d'enseignement universel comme aux temps de candeur antique! Quelle explication géologique vaudrait la légende populaire de ces trois sources, et quelle analyse chimique le plaisir d'y boire sous les yeux d'une naïve enfant qui apparaît là comme une fée des montagnes, comme une chaste image de la primitive Helvétie?

Un peu plus loin est la pointe de roc sur laquelle Tell s'élança en rejetant dans les flots tumultueux la barque où Gessler l'avait enchaîné! Là fut construite, en 1388, une chapelle qui subsiste encore avec ses murailles peintes à fresque d'une façon très-ingénue. Cette chapelle n'a ni portes ni fenêtres, elle s'ouvre dans toute son étendue à la face du lac, comme pour montrer au grand jour ses pieuses commémorations. Chaque année, le dimanche après l'Ascension, les habitants de Fluelen, d'Altdorf, des villages voisins, se réunissent au pied de sa balustrade. Trop nombreux pour pouvoir entrer dans son étroit circuit, ils assistent, du milieu de leurs barques ornées de fleurs et de banderoles, à une messe solennelle; ils écoutent avec recueillement le prêtre qui, dans son sermon, célèbre des noms aimés. Gloire aux peuples qui, pendant des siècles, gardent ainsi le souvenir de leur œuvre nationale! Heureux ceux qui confient à Dieu leurs idées de liberté, et les ravivent par les instructions de la chaire, par les cérémonies de l'Église!

De tradition en tradition, nous allons ainsi à travers ce lac où les plus doux points de vue s'allient à des sites d'une austère couleur et d'une majesté grandiose. Vers le soir, nous quittons à regret nos bateliers qui nous ont complaisamment arrêtés à chaque intéressante station, et qui paraissaient jouir de chacune de nos émotions. Au bord de la jetée de Fluelen s'élève un joli hôtel qui, par ses persiennes vertes, par ses fenêtres où éclatent les rayons du soleil couchant, semble nous inviter à entrer.

Devant cet hôtel circulent et bruissent une

quantité de voitures de louage et de lourds chariots, de portefaix et de bateliers. D'énormes balles de marchandises sont étalées sur le quai ; des eilwagen, attelés d'une demi-douzaine de chevaux, partent avec une légion de voyageurs ; d'autres arrivent en même temps aux sons joyeux de la trompette du postillon. Fluelen est l'un des principaux points de jonction de la Suisse et de l'Italie ; c'est par là qu'on s'en va au Saint-Gothard ; c'est par là que la Lombardie expédie aux fabriques de Lucerne et de Zurich ses soies écrues ou ses cocons, et par là qu'on les lui renvoie en fins tissus.

Hier, à cette même place, on voyait passer d'augustes étrangers, le roi et la reine de Suède, qu'une poétique pensée avait de ville en ville conduits jusqu'ici ; ils voyageaient sans faste, heureux des jours de loisir qu'ils enlevaient aux soins de la royauté, heureux d'avoir parcouru ces lieux si vantés et de n'y avoir pas perdu l'admiration de leur Dalécarlie, de leur Melar et de leur Trollhaetta. Notre maître d'hôtel, qui les avait reçus sans être prévenu de leur arrivée, ne se lassait pas de louer leur affabilité. Que je regrette de ne pas être débarqué ici un jour plus tôt ! Il m'eût été doux de retrouver à cette longue distance de la Baltique ces princes dont le souvenir s'allie pour moi à celui d'un pays que je ne cesserai d'aimer.

Le lendemain, en une heure trop rapide, nous traversons la vallée d'Altdorf encadrée entre deux lignes de montagnes ; on dirait une continuation du lac transformée en un bassin de verdure. Aux premiers rayons du soleil, son active population s'est éveillée avec les oiseaux qui gazouillent dans les bois et les moucherons qui bourdonnent dans l'air ; les portes et les fenêtres des chalets s'ouvrent à la lumière du matin comme à un hôte bienfaisant ; les pâtres ramènent au pâturage la génisse folâtre et la vache au large poitrail qui porte à son cou une clochette sonore ; les faneurs envoient jusqu'à nous l'odeur aromatique des foins qu'ils retournent avec leurs fourches, tandis que dans les enclos, une troupe d'enfants joyeux abat, sous la direction d'une mère prudente, les fruits des arbres. Dans les champs, dans les forêts, dans l'azur du ciel, partout respire la gaieté. Si la gaieté des hommes quelquefois nous importune, et quelquefois nous froisse, celle de la nature exerce au contraire sur nous une salutaire influence; au moment où nous sommes le moins disposés à nous y associer, à notre insu et malgré nous peut-être, elle pénètre peu à peu dans nos sens et subjugue nos tristesses. La même brise tiède qui de son haleine essuie la rosée des rameaux et les larmes des yeux, dilate les fibres du cœur et en efface les douleurs ou les convertit en une placide mélancolie qui nous met en repos avec nous-mêmes, et en paix avec les hommes. Un illustre écrivain italien, M. Cantù, a exprimé cette pensée en très-beaux vers :

> Melancolia, col placido
> Spettacol di natura,
> Le piaghe mie, deh ! cura,
> Rendi me stesso a me.
> Tornami in pace agli uomini,
> M'insegna obblio, perdon,
> Di, che follia non sono
> Amor, giustizia e fé.

Dans la petite ville d'Altdorf, capitale du canton d'Uri, nous devions retrouver sous une autre phase la tradition de Guillaume Tell. C'est là qu'il naquit, c'est là qu'il vécut longtemps de son honnête vie de laboureur et de chasseur, jusqu'au jour où les extravagances de Gessler éveillèrent en lui un sentiment de révolte. Sur la place d'Altdorf on a érigé, en mémoire de lui, deux fontaines : l'une, à l'endroit où il se plaça avec son arbalète pour abattre la pomme posée sur la tête de son fils; l'autre, à l'endroit où se tenait debout avec confiance le courageux enfant. Si cette scène dramatique est la même que celle de Palnatoke racontée par Saxo le grammairien; si les Suisses l'ont empruntée aux Sagas du nord pour l'incruster comme un émail dans leurs chroniques nationales, je me garderai bien de discuter ce fait; et si j'en venais à reconnaître cette interpolation, je me garderais bien de la signaler. Qui voudrait, pour une vanité d'érudition facile, enlever à tout un peuple une croyance poétique qui lui a été transmise par ses aïeux, et dont il s'honore depuis des siècles?

Au delà d'Altdorf on commence à entrer dans les régions alpestres; déjà elles s'annoncent par le fracas de deux rivières auxquelles la fonte des neiges donne souvent une force désastreuse. A gauche de la ville coule, sur son lit de rocs, le Schaechenbach ; à droite, la Reuss. Jusqu'à Amsteg on ne monte cependant encore que par une pente légère vers le Saint-Gothard, et de chaque côté du chemin s'épanouissent toujours de frais vallons ; plus loin, c'en est fait de ce doux aspect des prairies ; nous sommes entre deux chaînes de montagnes qui, d'anneau en anneau, de gradin en gradin, s'élèvent au loin jusqu'à des sommités couvertes de neiges éternelles.

Il y a une trentaine d'années, on ne franchissait cet âpre défilé que par un sentier étroit, escarpé, tantôt coupé par les torrents, tantôt brisé par les avalanches. Cependant des milliers d'hommes, conduisant des milliers de bestiaux, le suivaient chaque année ; mais après l'ouverture du passage du Splügen, en 1818, et du Bernardin, en 1819, les marchands de bétail et les voyageurs abandonnèrent cette voie souvent si difficile, et parfois si périlleuse. Pour ramener l'ancien mouvement commercial dans leurs domaines, les deux cantons d'Uri et du Tessin résolurent de construire aussi une nouvelle route, et ils l'ont construite en un espace de dix années, avec une remarquable habileté. Large de dix-huit à vingt pieds, sa pente n'est pas de plus de dix pour cent sur les points les plus escarpés; les plus lourds chariots la parcourent aisément, les *vetturini* la gravissent en partie au trot. Elle a coûté des sommes énormes, et cependant les voyageurs n'y sont soumis à aucun péage. Un tel travail ferait honneur à un royaume, et il est dû tout entier à deux petits cantons; c'est un remarquable exemple de ce qu'un pays peut accomplir avec une intelligente pensée et un sage emploi de ses ressources.

Pour monter par la pente la plus douce jusqu'à une hauteur de six mille deux cents pieds le long de ces Thermopyles, qui ne sont séparées l'une de l'autre que par un étroit espace, par le lit de la Reuss, il a fallu tantôt tailler la route dans le roc vif en l'appuyant sur une terrasse, tantôt la reporter par un pont sur l'autre rive. On s'en va ainsi de crête en crête, serpentant, tournoyant à travers un dédale de rochers et de précipices. Souvent on s'éloigne de la Reuss, on croit l'avoir quittée, puis tout à coup la voilà qui de nouveau résonne dans le gouffre qu'elle s'est creusé, qui reparaît à vos regards avec ses flots écumants. On dirait d'une de ces pensées tenaces auxquelles on cherche à échapper, et qui reviennent impétueusement nous saisir au moment où nous croyons en être affranchis.

A mesure qu'on avance dans cette sauvage région, la végétation s'affaiblit. Aux beaux bois de sapins qui couronnent encore les environs d'Amsteg, succèdent de faibles arbustes qu'un coup de vent emporte, qu'un torrent passager déracine; à ces arbustes de chétives broussailles; à ces broussailles quelques touffes d'herbe qui se cramponnent aux rocs comme les pariétaires aux murailles en ruine. C'est le même décroissement que j'observais jadis dans les contrées boréales. La différence est que là, je le voyais au niveau de la mer, et qu'ici il ne se manifeste que peu à peu, à quatre ou cinq mille pieds de hauteur. Jusque sur ces cimes arides, dépourvues de tout arbre, on distingue encore des vaches qu'un pâtre aventureux conduit d'escarpement en escarpement pour les nourrir quelques jours des brins d'herbe qu'elles trouveront çà et là. Jusque-là, on voit encore de pauvres femmes moins heureuses que la pauvre Ruth qui glanait dans le champ fécond d'un maître libéral. Celles-ci vont, au péril de leurs jours, glaner dans le désert, au penchant des précipices, la touffe d'herbe qu'elles réuniront dans un filet, qu'elles emporteront dans leur cabane pour alimenter leur chèvre ou leur génisse pendant le long hiver. Mais bientôt on ne voit plus ni herbe, ni troupeau, ni pâtres errants. On ne voit plus que des blocs de pierres gigantesques, brisés par le froid des hivers, minés par l'infiltration des neiges et de la pluie, emportés loin de leur base par un torrent ou par une tempête; plus haut, d'autres blocs déjà crevassés qui par leurs fissures béantes menacent d'un danger mortel le voyageur; plus haut encore, les plateaux couverts de neiges perpétuelles, les pics aigus noyés dans des nuages sombres, et au bas de la route l'abîme où l'on ne peut plonger ses regards sans s'exposer à un vertige, l'abîme où se précipitent en mugissant comme le tonnerre les flots orageux de la Reuss. A l'endroit que l'on appelle le Saut-du-Prêtre, ils tombent dans un gouffre noir dont on ne peut mesurer la profondeur. Sous le pont qui porte le nom sinistre de Pont-du-Diable, ils bondissent comme un coursier fougueux sous le joug qui le révolte. Partout, de tout côté, les vestiges des ouragans, le désastre des avalanches, l'image du bouleversement et de la dévastation; de loin en loin seulement, quelques lambeaux de verdure, quelques mousses, comme pour attester l'infinie vitalité de la nature au sein de la plus triste aridité.

On arrive enfin à un plateau qui repose les yeux des terribles tableaux qu'on n'a pu contempler sans une sorte de saisissement. On respire à l'aspect de ce vaste espace; il semble que du désert on entre dans l'oasis. Dans cette oasis apparaissent aux regards étonnés deux villages : Andermatt et Hospenthal. Mais il n'y a là ni arbres ni arbustes, nul essai de culture, nul espoir de récolte. Les habitants de ces villages n'ont d'autre produit agricole que celui de leurs prairies, qui, bon an mal an, leur donne un aliment pour leurs bestiaux. Ils suppléent à la stérilité de leur sol par leur industrie. Les uns se font une boutique de fragments de cristal et de minéraux qu'ils ont recueillis dans les flancs des rocs ; d'autres sont aubergistes, loueurs de chevaux, charretiers, postillons. La nécessité les porte à toutes sortes de métiers, et la foule de voyageurs qui sans cesse traversent le Saint-Gothard livre à ces métiers arides quelques deniers, comme le mouton laisse sa laine à l'épine des buissons.

Quand le soir j'ai été errer autour d'Hospenthal, au milieu de ses terrains marécageux et de ses enclos qui ne se revêtent que d'un maigre gazon, il m'a semblé revoir les pâles champs de verdure de la froide Islande, et j'ai passé là près de plusieurs maisons si noires, si délabrées, si misérables, qu'on ne trouverait rien de plus misérable dans les hameaux ravagés par la lave de l'Hécla.

De ce triste village, où l'on entend cependant piaffer à tout instant des chevaux de poste, où s'arrêtent les voitures les plus élégantes et les Anglais les plus inquiets de leur comfort, on monte lentement pendant trois heures avant d'atteindre la cime du défilé. Là se déroule entre les sombres flaques d'eau un autre plateau plus aride encore que celui d'Andermatt. Là, les deux cantons auxquels on doit cette belle route ont couronné leur travail par une œuvre charitable. A cette sommité du chemin, à cette ligne intermédiaire entre les deux versants de la montagne, ils ont fondé un hospice pour les voyageurs malades; ils ont construit, meublé une vaste maison où sont hébergés à peu de frais les voyageurs qui ne sont pas assez riches pour affronter les spéculations du très-rapace et très-désagréable régent de l'auberge du Lion à Hospenthal.

Si surprenant que soit le passage du Saint-Gothard du côté du canton d'Uri, il l'est plus encore du côté du Tessin. Plus bouleversées sont les entrailles du sol, plus sauvage son aspect, plus étrange la route. Ici, elle ne se déroule point comme sur l'autre versant en longs circuits ; elle descend du haut de la montagne comme une tresse cent fois repliée sur elle-même ; elle tombe de terrasse en terrasse comme un sentier de fantaisie dont on aurait multiplié à plaisir les sinuosités. Je n'ose dire que ce soit une faute des ingénieurs du Tessin, car je ne suis point en état de juger un tel travail. Il me semble pourtant qu'on aurait pu rendre ce chemin plus aisé à parcourir en prolongeant ses courbures, au lieu de les briser en tant de rapides contours. Quoi qu'il en soit, ceux qui ont fait le plan de cette singulière route ont au moins pris les plus grandes précautions pour la rendre aussi sûre que possible. Partout elle est appuyée sur de fortes maçonneries, partout garnie de balustrades. Le voyageur qui pour la première fois la voit serpenter à ses pieds ne peut sans une sorte d'effroi en mesurer de l'œil la profondeur. Notre vetturino s'est contenté d'enrayer sa voiture, et a mis ses chevaux au grand trot. La diligence trotte de même avec ses quatre chevaux. Mais j'imagine qu'en hiver peu de passants s'aventureront là sans recommander, avec une juste appréhension, leur âme à Dieu.

Ici, comme sur le versant d'Uri, on entend dans le silence du désert mugir les torrents et gronder les cascades. On retrouve pour compagnon de voyage un fleuve impétueux comme la Reuss, c'est le Tessin.

La Reuss et le Tessin sortent d'une des cimes du Saint-Gothard, à peu près sur le même point; mais comme deux enfants d'un même foyer que des destinées contraires emportent loin du sol natal, ces deux fleuves suivent une marche diamétralement opposée. L'un s'en va au nord, l'autre au sud. La Reuss court se jeter dans le lac de Lucerne, et le Tessin dans le lac Majeur. Entre les lieux que ces deux fleuves traversent, quelle différence! Entre la crête de roc d'où le Tessin jaillit et la vallée qu'il arrose, quel contraste!

« J'ai laissé l'hiver à Paris, dit, je crois, M. Dupaty au commencement de ses *Lettres sur l'Italie*, j'ai trouvé le printemps à Avignon. »

En un trajet moins long nous avons senti une plus grande variété d'impressions. Dans une même matinée, nous avons eu à l'hospice du Saint-Gothard l'image des régions boréales, avec leur ciel couvert de nuages, leur sol aride, leur vent glacial, et la splendeur de l'été dans le vallon d'Airolo. A huit heures du matin, tout ce que je voyais autour de moi reportait ma pensée vers mes jours de voyage en Norvége, vers les sombres solitudes de Dovrefield; à onze heures, je contemplais avec admiration la florescence d'une terre méridionale. A trois heures de distance, deux climats qu'on croirait ne pouvoir trouver qu'à deux lointaines latitudes, et deux nations. Là, le mâle et guttural accent de la langue germanique; ici, le gazouillement de l'Italien. Tous les noms de villes et de villages par lesquels on passe dans ce canton helvétique ont une consonnance italienne : Airolo, Faido, Bellinzona, Mogadino. La structure des maisons a le caractère italien, et je doute qu'on voie aux environs de Rome et de Naples des types de figures plus complétement italiens que ceux que nous avons rencontrés à cette limite de l'Helvétie.

Au théâtre, le régisseur fait un signal, une

toile se lève, et toute la scène est changée. Ici, c'est en quelques instants la même métamorphose dans les costumes et la physionomie des hommes comme dans l'aspect de la nature. Près d'Airolo, ainsi que dans les gorges qu'on vient de quitter, s'élèvent encore des montagnes escarpées, des murailles de roc, et le Tessin rugit encore là avec fureur comme la Reuss dans son abîme. Mais des tiges de plantes fleuries et d'arbustes verdoyants bordent la couche de cette onde rapide, et sur les flancs, et sur la cime des montagnes, et tout autour des blocs de pierre qui s'en sont détachés, s'épanouit une riche végétation. Les sapins, cette parure du nord, ont disparu, et de toutes parts s'étendent des forêts de châtaigniers. Puis bientôt on arrive à la zone des vignes enlacées à des rameaux d'arbres ou à des pilastres, arrondies en berceaux, alignées en allées, se reliant l'une à l'autre à la sommité de leurs ceps, et formant un dôme aérien à travers lequel la lumière se joue comme dans un réseau, et d'où pendent les grappes savoureuses.

Cette terre féconde est parsemée de villages

aux maisons blanches, aux toits rouges, aux clochers aigus, s'élançant avec leur croix brillante du sein des massifs de feuillage comme une religieuse aspiration du milieu des trésors terrestres. Tout ce pays a conservé les saintes pratiques du catholicisme. A chaque moment, sur les bords de la route, on aperçoit des oratoires avec des statues de saints et des autels ornés de fleurs. Dans chaque village, de simples maisons de paysans racontent la vie des saints, prêchent l'Évangile par les naïves peintures qui décorent leur façade. Ces humbles monuments de la foi populaire, il est doux de les voir. Ces oratoires s'ouvrent comme un sûr asile au cœur malade et au passant fatigué. Ces peintures qui couronnent le faîte d'une porte ou l'arceau d'une fenêtre annoncent au voyageur catholique une maison de frère. Si elles sont dessinées d'une main inhabile et grossièrement colorées, qu'importe! elles n'en sont pas moins le témoignage d'une pieuse pensée, peut-être l'*ex-voto* conçu par une pauvre mère au chevet de son enfant malade, peut-être l'œuvre d'un artiste ambulant qui, ayant été chrétiennement accueilli dans cette demeure, aura voulu par son travail rendre grâces à ses hôtes charitables.

En une demi-journée, notre vetturino nous conduit par de gais villages, par de frais vallons, à Bellinzona, petite ville aux rues étroites, flanquées de quelques vieux remparts. Mais aux murs de l'hôtel où nous nous arrêtons est suspendue une galerie voilée par une treille, chargée de lauriers roses, et à deux lieues d'ici est le lac Majeur.

Ce lac aux eaux profondes et aux rives embaumées, les poëtes ont bien raison de le chanter, les artistes de chercher à en reproduire les divers points de vue, et les étrangers de se détourner de leur route pour le parcourir. A peu près aussi grand que le lac de Constance, il touche aux frontières de la Suisse, du Piémont et de la Lombardie. Vers cette dernière contrée, ses bords vont en s'abaissant peu à peu jusqu'à ce qu'ils s'affaissent dans la monotone plaine de Sesto-Calende. Mais du côté du nord, ils s'étagent sur trois plans circulaires d'une grâce et d'une magnificence idéales. Au premier, une verte plage parsemée de petites cités agricoles ou industrieuses, et de maisons élégantes dont les murailles blanches éclatent comme des façades de marbre à travers un épais feuillage; au second, des collines onduleuses, couvertes d'une forêt d'arbres à fruits, parsemées d'autres villages, dominées par des églises dont on ne peut se lasser d'observer l'effet pittoresque; au troisième, les cimes de neige voisines du Mont-Rose, amphithéâtre merveilleux dont le lac forme l'arène, galeries de fleurs, gradins d'émeraude, échelle céleste par laquelle la pensée monte d'élévation en élévation jusqu'à ces zones de glace dont les pics se perdent dans l'espace éthéré.

Ces collines, ces montagnes arrondies en cercle forment autour du lac un rempart assuré. Elles attiédissent les ardeurs de l'été et calment les rigueurs de l'hiver. Là, on n'a point à redouter la lourde chaleur des tropiques, ni le froid des régions septentrionales. Là, il n'y a qu'une perpétuelle saison féconde et tempérée. Au sein des vallons qui se découpent de tout côté dans cette vaste enceinte, le sol et les bois ne cessent de reverdir, et la pauvre Mignon y trouverait en tout temps la terre des orangers.

Deux bateaux à vapeur traversent chaque jour le lac dans sa plus grande longueur, s'arrêtant de ville en ville et prenant et déposant à chaque station des cohortes de voyageurs. A peu près à moitié chemin de ce trajet, s'élève du milieu des flots le petit archipel auquel une noble famille a donné son nom : l'Isola-Bella, l'Isola-Madre, l'Isola-San-Giovanni et l'Isola dei Pescatori. A une certaine distance, rien de plus charmant à voir que ces îles dans l'onde limpide qui les enlace, dans la lumière qui colore leurs massifs de verdure et leurs maisons. On dirait des demeures de fées, des jardins magiques, attendant les chevaliers de l'Arioste ou les compagnons d'Ulysse.

Celle dont le nom est connu du monde entier, celle que l'on cite avec emphase dans tant de livres et que nul voyageur ne voudrait oublier de visiter, l'Isola-Bella, ne m'est cependant apparue que comme une fastueuse erreur.

C'était il y a deux siècles un roc nu et aride.

Le comte Vitalani Borroméc entreprit en 1670 d'en faire une merveille. Il y amassa des couches épaisses de terre végétale, il y dessina des terrasses, il y traça le plan d'un vaste château. Maintenant sur ce bloc de pierre, qui jadis ne portait à sa surface que quelques graminées, on se promène à travers des plates-bandes où s'épanouissent les plus belles fleurs; on erre dans des allées d'arbres superbes où grandissent près des plantes de l'Europe les plantes des régions les plus éloignées, arbustes de l'Inde et de la Chine, pins du Canada, magnolias de la Louisiane, cannes à sucre des Antilles, toute la botanique des deux hémisphères, tout le miracle d'une serre chaude en plein air. C'est là ce qui surprend agréablement les regards dans l'Isola-Bella. C'est là l'œuvre d'une noble conception, et une œuvre qui se continue à grands frais par les propriétaires actuels de ce domaine.

Pourquoi le magnifique comte ne s'en est-il pas tenu à cette admirable création? Mais il ne lui suffisait pas d'amasser autour de lui ces frais trésors du nord et du sud; il avait l'amour de la maçonnerie, la passion du rococo et le culte mythologique du xvii° siècle. De là, des constructions qui offusquent d'autant plus la vue qu'elles forment par leur style contourné, maniéré, un grossier contraste avec la franche et vigoureuse végétation qui les entoure. On ne peut parcourir ces jardins sans être à tout instant désagréablement arrêté par quelque production de mauvais goût. A côté d'une éblouissante corbeille de roses, grimace un Triton, près d'un catalpa aux larges rameaux se dessine une maigre Nymphe en marbre noircie par le temps. Les terrasses étagées l'une sur l'autre pourraient être couvertes de fleurs et disposées de telle sorte qu'elles n'offrissent de tout côté qu'une pyramide de verdure. Mais les déités de la Grèce ou de Rome devaient y avoir leur place, et une des faces quadrangulaires de ces terrasses leur a été tout entière pieusement consacrée. Jugez du plaisir que l'on éprouve lorsqu'en venant du château, soudain, au lieu de l'aspect du lac et de l'immense horizon que l'on devrait voir devant soi, on se trouve arrêté par une muraille où se dressent sur des pilastres, où reposent dans des conques, je ne sais combien de Cupidons, de Muses, de Naïades et d'autres dieux ou demi-dieux aussi mal sculptés l'un que l'autre ! Cette même muraille, décorée sur ses flancs de tant de choses, est en outre ornée à son sommet d'un Pégase dont les ailes ouvertes semblent attendre, pour l'emporter sur les cimes du Parnasse, l'ingénieux créateur de cet Olympe en pierres.

Le château est bâti dans de grandes proportions : escalier royal, profond vestibule, hautes et larges salles, parquets de marbre, riches plafonds. Là reparaît le même esprit guindé, fardé, dont on a vu les traces dans le jardin. Les portes et les fenêtres sont surchargées d'une profusion d'ornements.

Ce ne sont que festons, ce ne sont qu'astragales.

Les murs sont cachés sous des masses de stuc doré ; les plafonds vous menacent d'une avalanche de fleurons et de guirlandes. Une de ces salles mérite une mention particulière. Elle a été occupée en une marche glorieuse par Napoléon. Une autre mériterait qu'on s'y arrêtât plusieurs heures : elle est, sur toutes ses faces, couverte de tableaux. Mais le concierge de cet édifice, qui doit se faire un très-joli revenu en le montrant aux étrangers, est toujours fort pressé d'accomplir sa tâche, et pour gagner au plus vite son florin, il accélère leurs pas et se hâte de les conduire au rez-de-chaussée. Là, enfin, il les tient en arrêt, et, jetant sur eux un regard pénétrant, comme pour étudier la portée de leur intelligence, il semble leur dire : Voilà la merveille des merveilles. Cette merveille, c'est une longue suite de grottes, de voûtes tout entières faites en cailloutage. J'imagine qu'on a voulu, par ce chef-d'œuvre de patience, offrir aux yeux du vulgaire une image de la demeure des divinités aquatiques, telle qu'on peut se la figurer d'après les peintures d'Homère et de Virgile. Si Neptune et si les Néréides se plaisent dans cette habitation construite au bord de l'eau, je n'ose ni le nier ni l'affirmer, n'ayant pas eu la moindre occasion d'étudier les mœurs de ces dieux. Quant à moi, simple mortel, j'avoue que, dans cet étrange et pompeux château, j'ai éprouvé je ne sais quel indéfinissable malaise, et qu'à l'idée d'en être propriétaire, je préférerais avec joie l'espoir de posséder un des chalets qui me souriaient naguère par leurs vertes persiennes sur les coteaux de la Suisse.

Que d'argent, cependant, il a fallu pour vivifier ce roc aride et en faire l'Isola-Bella ! Que d'argent pour y transporter cette terre, élément premier de végétation, ces plantes, ces arbres de toutes les contrées, ces marbres des terrasses, ces colonnades du château ! Quel labeur et quel luxe ! N'est-ce pas, dans des proportions plus exiguës et dans une position exceptionnelle, un tour de force non moins étonnant que le Sans-Souci de Frédéric et le Versailles de Louis XIV ?

Mais les fenêtres de Sans Souci s'ouvrent de tous côtés sur une ville prospère ou sur une large campagne; celles de Versailles, sur des perspectives superbes; et à ce palais du lac Majeur sont accolées des cabanes si délabrées qu'on ne peut les voir sans un profond sentiment de pitié. Là, pendent les haillons de l'indigence; là, grouillent des enfants pâles et chétifs dans la saleté de la misère. Ah! le malheureux spectacle et la triste émotion qui vous saisit le cœur, à la vue de ces pauvres habitations dans les œuvres d'art de l'Isola-Bella!

IV
MILAN.

IV.

MILAN.

En quittant l'intelligente et laborieuse Suisse pour entrer en Italie, il faut se résigner à une quantité de désagréments matériels qu'on n'a point éprouvés au milieu des plus âpres montagnes, et qui frappent à tout instant l'étranger au sein de la plus riante nature. Ornières des grands chemins, paresseuse lenteur des vetturini, impassible inertie de tous les gens de service, horrible saleté des auberges, et les inquiétudes de la police, et le perpétuel examen des passe-ports, et les perquisitions de la douane. Il n'est pas un voyageur qui, dans les replis de sa mémoire ou dans son journal, n'ait noté avec plus ou moins d'amertume toutes ces misères. Je n'essayerai pas d'en renouveler la peinture. A quiconque connaît un peu l'Italie, soit pour y être entré, soit pour avoir lu quelque récit d'excursion en ce pays, je ne révélerai rien de nouveau, en racontant de quelle façon brutale mon passe-port m'a été enlevé à la porte de chaque ville, pour être épelé mot à mot par un ignorant employé, pour être marqué d'un timbre qui détermine le temps légal de mes haltes et la marche que je dois suivre. Je ferais un chapitre d'histoire naturelle très-peu récréatif, si j'essayais seulement d'énumérer tous les animalcules dont on est sûr de trouver le fidèle compagnonnage dans les meilleurs hôtels, à sa table, dans son lit : essaims de moustiques dont le bourdonnement seul suffit pour vous jeter dans un état de fièvre, et deux ou trois variétés d'insectes dont je n'ose pas même prononcer le nom. Il n'y a rien de plus complet dans les cabanes de la Valachie et dans les auberges des villes russes.

Mais en relisant ce que je viens d'écrire, je m'aperçois que, parmi les inconvénients d'un voyage en Italie, j'ai cité les perquisitions de la douane. C'est une ligne que je dois me hâter de corriger, au moins en ce qui concerne l'exercice de cette administration en Lombardie. Quelle bonne et facile administration! et quelle injustice on commettrait envers elle, si on la comparait aux douanes de plusieurs autres contrées, notamment à celle de France! En France, la douane est d'une honnêteté atroce, d'une délicatesse désespérante. Un pauvre préposé, dont le traitement ne s'élève pas à plus de cinq cents francs par an, fouille une malle en conscience, et se révolterait si on tentait de séduire sa féroce probité. C'est l'effet d'une vieille tradition, corroborée par la terrible vigilance d'un directeur général qui est pourtant un charmant homme. En Lombardie, au contraire, ces agents du fisc ont un fond de caractère excellent. Un peu roides au premier abord, boutonnés dans leur uniforme et annonçant des intentions méticuleuses, comme ils s'assouplissent tout-à-coup si l'on emploie avec eux les bons procédés! comme ils s'irradient s'ils vous voient ouvrir votre bourse! comme ils se hâtent de renouer eux-mêmes les courroies de votre malle et de vous dire que vous êtes parfaitement en règle, dès que leur main a ressenti l'électrique contact d'un *zwanziger* ! Notez que, dans leur dignité, ils auraient honte de trafiquer ainsi de leurs fonctions; mais ils ont les doigts très-impressionnables et le cœur excessivement porté à la reconnaissance. Telles sont leurs vertus, solides, vieilles vertus, que j'avais déjà le plaisir de reconnaître, il y a vingt ans, sur les frontières de l'Autriche, et que j'ai retrouvées avec plaisir, après plusieurs révolutions, à l'entrée de la Lombardie.

Nos transactions avec la douane ont été pour nous une distraction sur la route d'Arona à Milan, route très-monotone et très-négligée, quoiqu'elle rejoigne en ligne directe la capitale du royaume lombardo-vénitien à la Suisse, à la France. A Sesto-Calende, on traverse la rivière sur un bac des plus primitifs. Plus loin, je n'ai pas aperçu une seule figure de cantonnier. Il m'a semblé que l'administration, pour n'avoir point à grever son budget d'un salaire d'ouvriers, abandonnait avec confiance au soleil le soin de réparer les avaries résultant de longues pluies; et au vent la tâche du balayage. Mais le vent et le soleil ne comblent pas les ornières, et notre vetturino, qui s'était engagé à nous faire faire en dix heures un trajet de douze lieues, a cassé quatre manches de fouet sur ses malheureux chevaux pour accomplir sa promesse.

Ce royal chemin, où l'on n'a pas même la satisfaction de trouver un bon gîte, se déroule pourtant au milieu d'une plaine magnifique, sur le sol le plus riche et le plus fécond. Mais qui ne sait que partout où la terre est si fertile l'homme est inerte? Le fait est tellement positif qu'on pourrait, sauf quelques nuances et quelques exceptions, réduire la géographie physique à deux grandes zones, et le caractère des peuples qui y sont disséminés à deux types distinctifs. A la nature âpre et rude, les peuples actifs, hardis, éclairés, jaloux de leur indépendance; à la nature riante et prodigue, les peuples indolents et serviles. La même différence ne se retrouve-t-elle pas dans l'ordre moral, dans la vie des individus? Les hommes les plus distingués ne sont-ils pas, en général, ceux qui, étant nés dans une situation difficile, ont eu à lutter obstinément contre les rigueurs du sort ? Dieu a fait aux fils d'Adam une loi du travail et a mis une récompense à l'accomplissement de cet arrêt. Par le labeur, l'homme s'ennoblit ; par la lutte, il se développe ; par les obstacles qu'il s'applique à surmonter, il acquiert le sentiment de sa force et de sa dignité.

Le mythe antique d'Hercule, quel sage et grand enseignement !

En me soumettant aux rudes chaos de ma *vettura*, sur la route de Lombardie, il me semble que j'obéis, au moins accidentellement, à la loi du travail ; et ma récompense sera de voir la grande ville dont le nom, dont les annales ont si souvent occupé mon imagination.

M'y voilà. Notre cocher me le dit, du moins, avec un accent de joie. Ses pauvres chevaux vont se reposer et lui aussi. Je regarde de tous côtés et ne vois encore que trois édifices. Mais ces édifices sont assez caractéristiques : c'est un cirque, une caserne et un arc de triomphe. Le cirque est la moitié des grâces que le peuple romain demandait à ses maîtres : *Panem et circenses*. La caserne est l'un des éléments essentiels du gouvernement dans cette cité qui, il y a trois ans, voulait faire la loi à ses maîtres. Quant à l'arc de triomphe, c'est une œuvre d'art très-belle et un monument historique très-curieux. Par sa forme, il rappelle celui qui, du haut de l'avenue des Champs-Élysées, étale aux yeux de Paris ses trophées de guerre. Il n'a pas pu être construit dans une si magnifique situation et n'a pas la même grandeur; mais il n'existe certainement pas un édifice moderne plus accompli dans ses détails, plus parfait dans ses proportions. En artiste de premier ordre, le marquis L. Cagnola en a dessiné le plan, et plusieurs artistes excellents y ont consacré leur génie.

Dans l'espace de trente ans, cette œuvre superbe, qui devait avoir l'immuable majesté d'une œuvre antique, est devenue comme une ardoise sur laquelle les mobiles passions des temps modernes ont tour à tour inscrit, effacé un nom, un événement, pour y graver d'autres signes et d'autres dates. Heureusement, ces transformations de circonstance se sont accomplies aux quatre faces de ce colosse sans en altérer la grâce primitive et la sévère beauté. Et pourtant, par quelles manifestations politiques il a passé, ce noble édifice, depuis l'an 1806 jusqu'à l'année 1838 !

Vous avez entendu parler de ces pauvres naïfs chansonniers, qui, ayant un jour enfanté quelques couplets enthousiastes, s'en faisaient une sorte de barque de sauvetage dans tous les flots révolutionnaires, maintenant leurs chevilles principales, changeant seulement quelques rimes, il les adaptaient successivement à l'organisation du Directoire, au Consulat, à l'Empire, à la Restauration : de telle sorte qu'ils surnageaient à chaque marée nouvelle, et se trouvaient prêts à arborer sur le bord de leur nacelle chaque nouveau pavillon.

L'arc de triomphe de Milan est le plus magnifique exemple qui existe de cette habile conversion. Dessiné en 1806, en commémoration du mariage du prince Eugène avec la princesse Amélie de Bavière, il fut, un an après, consacré à Napoléon, à ses batailles, à ses œuvres pacifiques, à l'achèvement de la route du Simplon. Le peuple de Milan a été si frappé de cette dernière consécration qu'il n'a pu en perdre le souvenir, et qu'en dépit des placages autrichiens, il ne désigne encore son arc de triomphe que sous le nom de *Sempione*.

En 1814, la face de l'Europe était changée. Le héros qui depuis vingt ans occupait le monde de ses triomphes succombait sous son destin. L'arc de triomphe de Milan, qui devait être un des signes de la gloire guerrière, fut condamné à abdiquer l'orgueil d'une sanglante origine et à devenir tout simplement la chronique en pierre sculptée d'un congrès d'hommes d'État et d'un traité de paix. Les chevaux en bronze destinés à traîner à son faîte le char de la Victoire étaient déjà sortis de l'atelier du fondeur, avec leurs crinières flottantes et leurs naseaux ardents; les bas-reliefs, représentant la reddition de plusieurs villes étaient achevés, et l'on ne pouvait, de propos délibéré, anéantir ces travaux d'art. Mais, avec un peu de bonne volonté, que ne fait-on pas! Des coursiers fougueux qui devaient emporter dans l'espace la fière image de la Victoire ont été tout simplement attelés à un lent véhicule sur lequel s'élève, l'olivier à la main, la déesse de la Paix. Un des bas-reliefs représentait l'entrée de Napoléon à Berlin; un autre, la capitulation d'Ulm. Du premier, le gouvernement autrichien a fait l'occupation de Lyon; de l'autre, la capitulation de Dresde. Dans la peinture antique, toutes les villes sont représentées par le même symbole : une couronne murale sur la tête; un bouclier au bras quand elles combattent; des clefs à la main quand elles se rendent. Ulm et Berlin se rendaient ainsi. Il n'y avait que deux autres noms à inscrire au bas des deux statues, pour que personne ne pût s'y méprendre. Ajoutez à ces habiles métamorphoses quelques bas-reliefs tout nouveaux : celui-ci représentant le congrès de Vienne, celui-là le congrès de Prague; cet autre, dit la description officielle du monument, les trois souverains d'Autriche, de Prusse et de Russie, *réunis en conférence pour couper les ailes à l'aigle française*. Ajoutez encore le tableau de l'institution de l'ordre de la Couronne de Fer par François Ier; l'entrée du général autrichien à Milan, et, à la place d'un coupable souvenir de conquêtes étrangères et d'effervescence populaire, vous avez un travail d'un caractère officiel, une page de chronique à laquelle la censure autrichienne n'a rien à corriger. Le *sic vos non vobis* de Virgile, que de fois il se retrouve dans les constructions des peuples et les espérances des hommes !

Mais, près de là, est un autre édifice dont les turbulences politiques n'ont point dénaturé le caractère ni changé l'auguste destination, un édifice qui n'a qu'une noble, antique, régulière structure. C'est le Dôme, le fameux Dôme de Milan. Des entrailles de la terre où reposent ses fondements, il s'est élevé dans sa sublime beauté comme un rêve idéal, il est monté dans les airs sur les ailes du génie des arts et du génie de la foi. Pour arriver au pied de ce merveilleux sanctuaire, pour avoir le bonheur de le contempler, ce n'est pas trop d'entreprendre un long voyage, et l'on doit noter dans sa vie le jour où on l'a vu. Il est dans les œuvres de la pensée humaine ce qu'est le Niagara dans les œuvres infinies de la nature : un tableau sans pareil.

Devant cette cathédrale italienne, je ne vous retire point mes souvenirs de cœur, chère, grande église de Strasbourg, dont j'ai tant de fois salué la flèche aérienne avec bonheur, dont j'ai tant de fois franchi le seuil avec un pieux recueillement. Mais ce qu'on éprouve devant la cathédrale de Milan, on ne l'éprouvera devant aucune autre. Si le Saint-Pierre de Rome a des proportions plus grandioses, si la cathédrale inachevée de Cologne étonne l'esprit par ses masses colossales, si plusieurs cathédrales d'Espagne, de France, de Belgique étalent dans leur chœurs, sur leurs arceaux, sous leurs portails des chefs-d'œuvre de ciselure, il n'en est point qui présente une image plus solennelle que celle de Milan, un ensemble plus harmonieux et une telle profusion d'ornements. Les conceptions les plus hardies, les finesses d'art les plus exquises, la munificence des souverains, le religieux labeur des peuples et les matériaux les plus riches, tout a été employé à cette structure.

Il y a six siècles qu'elle fut commencée, et, sauf la façade, à laquelle un archevêque a malheureusement imposé le cachet italien, tout a été construit dans le même style, dans l'abondante fantaisie du gothique splendide. A quiconque ne la regarde que dans sa majestueuse largeur, dans sa superbe élévation, elle apparaît complétement achevée. Mais ceux qui l'ont étudiée dans ses détails vous montrent çà et là des chapiteaux auxquels il manque des dentelures, des galeries provisoires, des piédestaux qui attendent encore leur statue. Les administrateurs de la cathédrale ont leur plan entre les mains. Ils savent ce qui leur reste à faire, et ils s'appliquent avec ardeur à finir la tâche qui leur a été léguée par leurs prédécesseurs. Pour la finir, ils ont de royales dotations; ils ont près du lac Majeur une carrière de marbre qu'ils ne livrent qu'aux sculpteurs les plus habiles; ils ont une légion d'artistes, d'ouvriers, qui vivent autour de ce dôme comme les abeilles autour de leur ruche.

D'année en année, en notre incrédule dix-neuvième siècle, l'édifice du moyen âge s'embellit et s'achève. Une autre œuvre s'adjoint aux innombrables œuvres qui déjà le décorent. Une tour dentelée s'élève sur son pilier, un saint se dresse sur son pavillon. Un statuaire s'honore d'avoir posé son monument à côté de celui de ses devanciers, et le peuple applaudit à cette inauguration.

L'intérieur est divisé en cinq nefs dont on ne peut, sans une sorte de saisissement, mesurer de l'œil la profondeur. La nef du milieu est bordée de colonnes gigantesques qui, à leur faîte, portent, au lieu du feuillage traditionnel, deux triples rangées de statuettes sous des guirlandes d'ogives. De l'entrée de cette nef, on distingue à peine à son extrémité, dans la lumière voilée par les vitraux de couleur, le chœur avec son trône épiscopal, ses stalles de chanoines, son magnifique autel et ses candélabres à sept branches comme ceux des lévites.

Quand, un jour de fête, on a vu ce chœur paré de draperies blanches et son parquet revêtu de tapis; quand on a vu l'archevêque s'avancer là avec sa crosse à la main et sa mitre en tête, escorté de plusieurs prélats et suivi d'une procession de prêtres; quand des nuages d'encens ont inondé le sanctuaire; que l'orgue a fait entendre sous ces larges voûtes ses éclatantes vibrations, et qu'on a assisté à une messe chantée par cent jeunes voix, on peut dire que l'on connaît les grandes pompes du catholicisme, et celui-là aurait sur l'âme une terrible cuirasse qui en un tel moment ne se sentirait pas vivement ému.

Lorsqu'on retourne dans cette enceinte en ses moments de silence, où l'on peut la parcourir en toute liberté, et qu'on y remarque à chaque pas des richesses de toute sorte déposées là pendant des siècles par des flots de générations, ce qu'on y voit de tableaux, de statues, de fleurons et d'ornements d'une variété infinie, je n'essayerai pas de le compter. Pour en donner seulement une idée, il faudrait un livre tout entier. Et l'extérieur est aussi difficile à décrire. Le portail est un cadre immense sur lequel se détachent des figures sacrées, des scènes de la Bible taillées au ciseau. Les murs de côté sont entourés d'un large réseau de colonnettes, de pilastres, de clochetons gardés par une légion de patriarches, par une armée de saints et d'apôtres, de martyrs et de confesseurs. Mais en passant de longues heures à faire le tour de ces dômes en miniature appliqués au grand dôme, de ces arceaux suspendus en l'air comme des banderolles, de ces dais découpés comme une légère broderie, on n'a rien vu encore. C'est sur les terrasses de la cathédrale qu'est la vraie merveille, sur les terrasses qui recouvrent les nefs latérales et sur celle qui revêt la nef principale et le chœur.

Là est le symbolisme du moyen âge dans sa plus étonnante expression; là on se promène à trois cents pieds au-dessus de la ville autrichienne, dans les avenues, dans les détours d'une ville de marbre peuplée de tout ce qu'il y a de plus grand, de plus vénéré dans l'histoire du monde, depuis Adam jusqu'aux apôtres, depuis les premiers prédicateurs de l'Évangile jusqu'aux plus récentes gloires de l'Église. De quelque côté que l'on se tourne sur ces esplanades aériennes, on ne voit que des flèches dentelées qui s'élancent vers le ciel avec des bouquets de fleurs, des tourelles à jour abritant sous leur toit ciselé de saintes statues, d'autres statues debout en plein air sur leur piédestal.

Un riche seigneur russe, épris d'un ardent amour pour la Bible, manifesta le désir de composer un exemplaire de ce livre de Dieu en lettres de perles et de diamants. La Bible a été imprimée au dôme de Milan en caractères plus magnifiques; elle est là tout entière avec tous ses personnages et toutes ses commémorations, et tout le Nouveau Testament y est aussi en sculptures de marbre, faites par des centaines d'artistes, par les pieux ouvriers du XIV® siècle, par la savante école de Michel-Ange et par l'école de Canova.

Pour décorer les balustrades, les piliers de ce vaste espace, pour animer les forêts de fleurs de ce jardin magique, l'Ancien et le Nouveau Testament et la Légende dorée n'ont pas suffi. On voulait des milliers de statues, et les traditions saintes étant épuisées, on a pris dans l'histoire profane des personnages qui s'étaient fait un nom glorieux. L'Église les a admis, l'Église les a élevés à son faîte sublime, et en consacrant ainsi leur renommée, elle les a appelés en quelque sorte à proclamer du milieu de ses saints l'éternelle gloire de Dieu, à rendre hommage à celui de qui ils ont reçu la puissance du génie. On a mis là jusqu'à Napoléon, debout, la tête nue, étonné de se voir au sein de la milice céleste. Et tout rayonne autour de lui sur les dalles de cette cité sainte. Nulle pierre vulgaire n'est entrée dans sa construction. Murs d'enceinte, portiques, colonnades, tout, depuis la base de ce temple divin jusqu'à ces myriades d'aiguilles qui s'élèvent vers le ciel comme les prières de la foule agenouillée, dans la longue nef, tout a été taillé dans un marbre sans tache, qui sous le ciel serein de la Lombardie conserve longtemps sa blancheur et dont le soleil irradie la pure surface.

A moins d'y dérouler comme dans le labyrinthe de Crète un peloton mythologique, l'étranger ne peut s'aventurer sur les terrasses du dôme sans un guide. Il se perdrait infailliblement dans ce dédale d'escaliers, d'arcs-boutants, de galeries, dédale tellement inextricable qu'on ne comprend pas comment on a pu en combiner les détails. Plus d'un curieux téméraire, pour n'avoir point voulu se soumettre à une sage précaution, s'est trouvé douloureusement égaré dans cette espèce de forêt vierge, et on l'a vu penché au bord d'une balustrade, appelant à lui avec des cris désespérés une main secourable.

Mais les habitants de Milan qui connaissent leur dôme montent gaiement les centaines de gradins qui conduisent à sa cime, et se promènent dans ses allées comme les Parisiens dans les Champs-Élysées. Les jours de fête, l'escalier en est ouvert à tout le monde, et les gens du peuple y entrent avec leurs femmes et leurs enfants pour y passer une journée d'indolent loisir. Ils y portent leur déjeuner ou leur dîner, s'assoient à l'ombre d'un prélat ou d'un patriarche, font une table d'un piédestal, et restent là sur ce chef-d'œuvre en face d'un des plus beaux panoramas qu'il soit possible d'imaginer, en face des immenses plaines de la Lombardie, couronnées au sud par les Apennins, au nord par la crête du Splügen, à l'ouest par le Mont-Blanc, et fuyant à l'est vers les flots de l'Adriatique.

De telles réunions sont peu édifiantes. Souvent, tandis que les chants religieux retentissent autour du sanctuaire, sur ses voûtes résonnent de grossiers propos. A prendre la turbulente assemblée disséminée sur les terrasses, et celle qui s'agenouille dans les nefs, on dirait la vivante représentation des images symboliques appendues aux murs des cathédrales gothiques : pieuses figures, têtes grimaçantes ; vierges pudiques, faces effrontées ; tout un monde de riantes et naïves conceptions au milieu d'un monde de créations grotesques ; nains difformes, animaux hideux, le rêve des mauvaises passions à côté de l'idéal ; la brutalité mise en contraste auprès du spiritualisme.

On s'étonne que l'autorité tolère ces tumultueuses invasions et ne chasse point des sommets de l'église ces troupes d'oisifs plus désordonnés que les marchands du Temple. Mais il est des abus qui en se perpétuant acquièrent une sorte de droit de prescription. Le peuple de Milan considère ces hauteurs de l'église comme son domaine. Il veut aller s'y reposer des travaux de la semaine, s'y promener comme dans son jardin, y prendre ses repas comme dans sa salle à manger, et la police, ne pouvant ou n'osant contester ce droit, l'invite seulement par des placards apposés d distance en distance tout le long de l'escalier, à ne point souiller l'édifice dont elle lui ouvre l'entrée. Ces avertissements, qui se reproduisent sous toutes les formes, depuis la prière amicale jusqu'à l'ordre formel, n'ont pas même assez de pouvoir pour prévenir de honteuses profanations. C'est que, pour ennoblir le sentiment moral de l'homme, il ne suffit pas de lui mettre sous les yeux les travaux du génie, il faut développer, éclairer son intelligence, y faire entrer la compréhension du beau; sinon, dans les plus admirables productions de l'art il ne verra qu'un objet de curiosité, ou peut-être un vulgaire ustensile. D'un torse antique il se fera un siége, comme le *gaucho* d'une tête de cheval, et d'un vase étrusque une cruche à bière. Il faut plaindre ceux qui, dans les rigueurs de leur condition de fortune, n'ont pas acquis cette lumière de l'esprit. Il faut les plaindre et autant que possible les aider. Mais que dire de ceux qui, ayant dans leur bien-être matériel la faculté d'ouvrir les ailes à leur pensée, la resserrent au contraire dans le cercle le plus étroit, la traînent terre à terre et l'aplatissent sous une misérable préoccupation ?

Un matin, je descendais des terrasses de la cathédrale, j'entrai dans la boutique d'un marchand qui demeure près de là, et tandis qu'un commis cherchait ce que je désirais acheter, moi, l'imagination toute pleine des merveilleuses choses que je venais de voir, j'en parlais à ce marchand, tant j'avais besoin d'en parler. Lui m'écoutait d'un air attentif qui me semblait un témoignage assez flatteur de mon éloquence. Triste illusion de l'amour-propre ! Cette attention n'était que la condescendance de l'homme de métier qui, pour ne pas manquer une chance de gain, se plie aux fantaisies de son chaland, et si simple qu'elle fût, cette condescendance, elle ne pouvait pas aller au delà d'une certaine borne. « Quel dommage, disais-je à mon complaisant auditeur, que cette admirable basilique soit cernée de si près par d'autres constructions ! On ne la voit pas comme elle devrait être vue, sur un vaste espace ouvert de tous côtés, et je ne comprends pas que l'on n'ait pas encore songé à la dégager sur plusieurs points, qu'on n'en vienne pas même à raser une partie des rues qui lui font une si sombre ceinture. »

La patience du marchand était à bout, et, au risque de perdre les quelques zwanziger qu'il attendait de moi, il éclata. « Abattre une partie de ces rues ! s'écria-t-il ; savez-vous, monsieur, ce qu'il faudrait abattre ? Ce sont ces murs qui vous plaisent tant, c'est cette église qui nous ôte le jour et obscurcit nos boutiques ! »

Voilà ce qui m'a été dit très-sérieusement dans un élégant magasin au pied de la basilique de Milan. O race de niveleurs, race maudite ! on te retrouve donc partout avec ton ignorance stupide et tes animadversions sauvages ! race de Caïn, ennemie de tout ce que ta mauvaise nature ne peut égaler, de tout ce qui dépasse la hauteur de ton horizon, humilie ton bas orgueil ou porte quelque trouble dans les calculs de ton petit égoïsme !

J'en veux à ce marchand qui d'une joie poétique me jette dans ces misanthropiques réflexions, qui du seuil de sa boutique ose attenter par la parole à ce dôme, chef-d'œuvre d'un religieux labeur, perle de Milan.

Après ce dôme, que reste-t-il à voir dans la capitale de la Lombardie? Beaucoup d'églises encore, plusieurs nobles palais, plusieurs édifices publics ; mais tous les fleuves sembleraient petits à celui qui viendrait de mesurer l'immense largeur du fleuve des Amazones, toutes les montagnes peu imposantes à celui qui descendrait de la cime des Andes, et les soixante-quinze églises anciennes et modernes que Milan s'honore de posséder n'apparaissent autour de sa cathédrale que comme des étoiles secondaires autour d'une constellation splendide.

Dans son énorme étendue, la ville elle-même, la ville entière fléchit devant ce sublime monument. Elle a pourtant tout ce qui constitue une belle ville : larges rues parfaitement pavées, grandes et hautes maisons, places régulières, jardins et théâtres, mais rien de caractéristique, rien qui surprenne le regard comme les balcons d'Espagne, les pignons des vieilles cités allemandes ou les gothiques fenêtres de quelques cités de France. Sauf les femmes du peuple, drapées comme des Andalouses dans leur mantille noire, on ne distingue pas même là un costume original. Pour un habitant de Paris, les rues de Strasbourg sont plus curieuses à parcourir, et Rouen est d'un aspect plus pittoresque.

La pauvre riche ville de Milan! elle a eu cependant sa physionomie distincte; mais les étrangers y sont entrés tant de fois que son empreinte s'est effacée sous leur invasion comme les aspérités d'un roc sous les flots de la mer. C'est à elle aussi qu'il faut appliquer le sonnet de Filicaja sur la beauté fatale de l'Italie :

>Italia, Italia, o tu cui feo la sorte
>Dono infelice di bellezza !
>Deh ! forsi tu men bella, o almen piu forte !

Par la fertilité de son sol elle a perpétuellement tenté l'ambition des conquérants, et ils sont venus s'abattre dans son enceinte, planter leurs tentes dans ses grandes plaines et leurs étendards sur ses clochers. Elle a subi leur joug en frémissant, et n'a pu s'affranchir de leur pouvoir.

Si, comme je l'ai dit, ses différents quartiers ne présentent aux regards aucun caractère particulier, quel caractère elle a gardé dans sa situation politique ! Souvent vaincue, jamais subjuguée, elle apparaît sous la domination de ses maîtres comme une fière captive dont le cœur proteste contre l'étreinte qui dompte sa résistance. Elle courbe le front sous le bras rigoureux qui l'enlace, mais comme une implacable romaine, elle garde son poignard dans un des plis de ses vêtements et n'attend qu'une occasion favorable pour venger son injure.

Cette occasion, elle a cru la trouver dans la violente secousse de 1848. Elle s'est levée alors ardente et fougueuse, et elle a triomphé, et pendant quelques jours, elle a pu espérer qu'elle avait reconquis sa liberté. Puis elle est retombée sous le joug qu'elle avait brisé. Maintenant elle expie l'insuccès de sa révolte et porte le deuil de sa défaite. Le soldat autrichien veille dans ses murs, la police veille sur ses maisons, la censure veille sur ses écrits. Que si l'on demande à un de ses habitants pourquoi le Corso est si peu animé, pourquoi le commerce semble si inactif, et pourquoi la Scala reste si longtemps fermée. « Hélas! dit-il, les grandes familles sont loin. »

Elles sont loin en effet ces nobles familles des Boromée, des Litta dont le nom se trouve inscrit en tant de pages glorieuses, dont le peuple a célébré les bienfaits, dont l'église a canonisé les vertus.

Elles sont loin, elles ont pris la fuite après les victoires de Radetzky, elles ont été exilées ces familles patriciennes qui donnaient tant de mouvement à la ville. Leurs biens ont été mis sous le séquestre, leurs palais transformés en logements militaires. Leur crime fut de vouloir rendre à leur patrie son ancienne indépendance. Si elles se sont trompées, qui pourrait ne pas éprouver un sentiment de respect pour leurs erreurs, et quand on les rencontre errantes, attristées, appauvries, loin de leur sol natal, loin de leur douce Argos, qui pourrait ne pas les regarder avec une sympathique pensée? Les révolutions ne nous ont-elles pas fait à nous aussi des exilés? de si purs, de si nobles! Quels que soient la contrée où ils ont cherché une demeure, et l'accueil qu'ils ont trouvé dans leur proscription, en est-il un d'entre eux qui plus d'une fois n'ait senti comme Dante, l'illustre exilé, combien est amer le pain d'autrui, et dur à monter l'escalier de l'étranger.

V

VENISE.

V.

VENISE.

L'Autriche n'a pu faire encore le chemin de fer qui doit relier Venise à Milan. On part de Milan avec un convoi qui ne va que jusqu'à Treviglio. Il faut que les voyageurs s'encaissent comme des harengs dans la boîte étroite d'un *eilwagen* qui les traîne jusqu'à minuit à la porte d'une sale auberge de Brescia, et les conduit ensuite à Vérone. Dans cette ville des Scaliger, on reprend un autre convoi qui passe à travers une vaste plaine où s'épanouissent à la fois trois récoltes : le maïs sur la terre, le pommier et le poirier étendant sur le maïs leurs branches chargées de fruits, et les rameaux de vigne suspendus dans les airs, courant d'arbre en arbre comme des guirlandes, et, d'un point d'appui à l'autre, ployant sous le poids de leurs grappes épaisses. Sur ce sol généreux, le paysan peut à quelques semaines d'intervalle cueillir dans le même sillon l'épi doré dont il fera sa polenta et son pain quotidien, le raisin qui lui donnera sa boisson, les beaux fruits que les grands seigneurs d'une autre contrée envieraient à sa table rustique. Quel pays fécond! trop fécond! L'homme s'y allanguit dans un facile bien-être, et s'y laisse enchaîner dans son inertie.

Vers le soir le chemin de fer se déroule sur le pont immense que Venise lui a construit au milieu de ses lagunes. C'est un travail d'une hardiesse étonnante, d'une beauté singulière, qui malheureusement aboutit, comme tous les travaux publics de cette contrée, à un double ennui officiel : ennui de la douane, ennui de la police.

Celui de la douane, je sais comment on s'en affranchit. Pour deux zwanziger, remis entre les mains de ces honnêtes gens du fisc autrichien, nulle malle ne sera fouillée; pour un zwanziger de plus, elle ne sera pas même ouverte. Quant à l'inquisition de la police, il me semblait que je n'avais plus à m'en occuper. Dès mon entrée dans le royaume Lombard-Vénitien, à Sesto Calende, mon passe-port, qui m'inspire du respect par la quantité de cachets d'ambassades dont il est criblé, et ma pauvre figure, qui me semble aisée à voir en un instant, avaient en moins d'une demi-heure subi deux minutieux examens. A Milan, nouvel examen constaté par un nouvel enregistrement, timbré par un nouveau cachet. Dieu soit loué ! me disais-je, il est bien prouvé maintenant par tant de nobles observations que je ne suis point parti de Paris comme un vagabond, et qu'on ne m'a point donné un faux signalement. Il me paraît bien prouvé aussi que je ne pénètre pas dans le royaume Lombard-Vénitien avec un nom suspect et des intentions menaçantes. Je m'imagine que je n'ai qu'à prendre mon modeste bagage et à me diriger vers un hôtel. Un de mes bons amis, qui à ma grande joie m'accompagnait depuis les frontières de la Suisse et qui avait subi les mêmes difficultés, me manifestait le même espoir. Nous nous trompions tous deux dans notre innocence candide. Avant de descendre dans la gondole qui se balançait à nos pieds, nous devions passer par une épreuve plus fatigante que toutes les autres.

Les voyageurs encaissés dans les divers wagons du chemin de fer ont été sommés d'exhiber leurs passe-ports. Ces trois ou quatre cents passe-ports sont déposés en masse sous les yeux d'un fonctionnaire, qui s'asseoit d'un air morose à son banc de labeur, de l'air d'un homme qui accomplit à regret sa tâche à l'heure où sans doute il aimerait mieux regagner son lit. Ce fonctionnaire, qui est peut-être un très-bon père de famille et un très-fidèle employé de l'Autriche, n'a certainement pas reçu à la Pentecôte le don des langues. Qu'il ait une langue maternelle, c'est ce dont je n'ose douter, mais laquelle, c'est ce qu'il me serait impossible de déterminer. Je l'ai vu prendre, l'une après l'autre, chacune des feuilles entassées devant lui, les parcourir du haut en bas avec la même inquiétude, épeler lentement avec la même difficulté les noms allemands, italiens, français, qui s'y trouvaient inscrits, puis appeler le voyageur dont il déroulait le passe-port, le toiser des pieds à la tête, et le renvoyer ensuite à un commis qui prolongeait encore outre mesure cet exercice de patience. De ma vie, je n'avais assisté à une telle opération. A quel moment ces deux étonnants employés des précautions autichiennes auront-ils atteint et déroulé les couches inférieures de leur montagne de feuilles de route, de certificats et de passe-ports ? je ne sais. Quant à nous, qui avions par hasard le bonheur d'être placés dans les terrains secondaires de cette géologie bureaucratique, nous avons eu la joie de recevoir, après une heure d'attente, un bulletin qui nous permettait de franchir le seuil de cette espèce de prison préventive.

Des quantités de gondoles sont là au bord du quai, stationnant comme des fiacres aux embarcadères de Paris. Deux bateliers s'emparent de nos bagages, prennent leurs rames, et nous sommes en route. Nous traversons le large espace qui sépare la ville aquatique de son chemin de fer; puis bientôt nous entrons dans les canaux intérieurs. Une nuit sombre, sans étoiles, nous enveloppe dans ses replis, et les hautes maisons entre lesquelles nous passons ne nous apparaissent que comme des masses confuses. Pas une lumière aux fenêtres, pas un signe de vie. Nous ne voyons dans l'obscurité que la lumière blafarde de la lanterne suspendue à la pointe de notre barque, nous n'entendons que le clapotement monotone des rames tombant dans l'eau, et, de temps à autre, la voix d'un de nos bateliers qui au détour d'une ruelle, à l'angle d'un carrefour, jette un cri pour prévenir le choc d'une barque voguant à l'encontre de la nôtre. Nous traversons le Grand-Canal, où brillent, çà et là, quelques réverbères, où reparaît l'animation; puis nous rentrons dans des rues étroites, tortueuses, glissant en silence sur une onde immobile, dans une ombre profonde. Non, il ne m'est pas possible de rendre l'étrange émotion que l'on éprouve en entrant ainsi pour la première fois au milieu de Venise. Il me semble que Dante a dû la connaître. Il me semble qu'il a dû y penser en décrivant le morne trajet des vivants dans la région des morts.

Avec le moindre penchant aux conceptions fantastiques, que de rêves n'enfanterait-on pas en une telle traversée, sur ces canaux resserrés entre ces hautes et mystérieuses façades! Avec quelque pusillanimité, qu'il serait aisé de se créer des terreurs tragiques! On est là seul, étranger, au sein des ténèbres, à la disposition de deux hommes vigoureux qui peuvent convoiter une malle, et pour la prendre plus à leur aise n'ont qu'à vous jeter dans le canal, qui ne rendra point témoignage contre eux, ou dévier de la route que vous ne connaissez pas, et vous noyer loin de tout regard, au delà des lagunes.

Je me hâte de dire que ce qui pourrait arriver souvent n'arrive au contraire que fort rarement, et que les bateliers de Venise jouissent d'une honnête réputation.

Les nôtres, après leurs longs circuits, nous ont fidèlement déposés au pied des gradins d'un noble palais dont les révolutions ont fait un hôtel. « Toutes les chambres sont prises », nous dit d'un air de componction le maître du logis, en s'avançant à notre rencontre, la calotte à la main. L'heureux maître-d'hôtel! Il ne peut plus disposer que des grandes pièces du premier étage, qu'il loue quarante francs par jour. La spéculation me semble assez ingénieusement organisée. Il est près de minuit, on ne sait où aller. A tout prix on désire avoir au moins un gîte provisoire, et pour la modique somme de quarante francs, on a l'honneur insigne de reposer dans la demeure d'un ancien doge.

Il est en voyage des incidents que l'on n'a point cherchés, qu'on aurait même tenté d'éviter si l'on avait pu les prévoir, et qui plus tard nous semblent, dans notre confiance de voyageurs, disposés exprès par un génie propice, pour nous laisser une idée plus rapide et plus caractéristique des lieux par lesquels nous passons.

Tels sont ceux qui nous frappaient à la porte et dans l'enceinte de Venise. Dans cette longue halte au bureau de police, dans ce trajet nocturne, dans cette grande maison patricienne, transformée en auberge, n'avions-nous pas trois vives impressions? impression d'une antique race aristocratique laissant tomber la demeure de ses pères entre les mains d'un hôtelier; impression de la cité romanesque entrevue dans ses ombres mystérieuses; impression de la libre et fière république soumise à la chancellerie de l'Autriche.

Le lendemain, dès le matin, je franchis le seuil de mon hôtel sans en examiner la curieuse structure ; je traverse la *Riva dei Schiavoni*, sans me laisser arrêter par les gondoliers qui se précipitent autour de moi pour m'entraîner vers leurs gondoles. Je vais où va d'abord tout étranger, où il retourne chaque jour, où il se sent à tout instant attiré et fixé par un charme invincible : je vais à la place Saint-Marc. Je n'ai pas trouvé de guide pour m'y conduire. J'en sais la direction, j'en pourrais d'avance compter les édifices; sans y avoir mis le pied, il me semble que je les connais; car Venise est une de ces villes dont l'histoire, dont les descriptions occupent toutes les imaginations. Artistes et poètes, romanciers et archéologues ont popularisé son nom dans le monde entier. Shakespeare et Otway, Byron et C. Delavigne y ont placé la scène de six grands drames. Goethe et Platen, Rousseau et G. Sand y ont écrit quelques-unes de leurs meilleures pages, et, du récit de ses annales, M. Daru a fait une des œuvres historiques dont le génie de la France s'honore [1].

La voilà, cette place que j'aspirais depuis si longtemps à voir. Je la parcours avec une joie d'enfant, je vais des bords du quai au bourdon de Saint-Marc, de l'église à l'extrémité des galeries, je reviens, je m'arrête devant le palais des doges, je retourne à la Piazzetta. Quel spectacle! je croyais l'avoir deviné dans mes rêves! et mes rêves n'étaient qu'une misérable conception à côté de la réalité. S'il est dans quelque ville du monde un point de vue aussi saisissant, ce n'est pas moi qui le dirai. Sauf les cités de l'Inde et de la Chine, où, s'il plaît à Dieu, j'espère bien aller quelque jour, j'ai visité les capitales du globe entier, et ce que j'ai éprouvé à Venise, je ne l'avais encore éprouvé nulle part; rien de si étrange, de si grandiose, hélas! et de si triste. Car, tout ce qu'on a devant soi,

---

[1]. Nous devons aussi à un de nos écrivains, à M. J. Lecomte, une monographie de Venise si scrupuleusement étudiée, si consciencieuse et si complète qu'il n'est pas possible, à notre avis, d'en trouver une meilleure.

autour de soi, sur cette place élevée au milieu des flots, c'est le cœur même de Venise. C'est là que, pendant quatorze siècles, s'est concentrée l'action, la vie de ce peuple étonnant qui, du sein de ses bancs de sables, donna des lois à la Grèce, subjugua Constantinople, prit le royaume de Lusignan. C'est là qu'il recevait les rois et les papes; c'est là qu'il amassait les trophées de ses victoires et les conquêtes de son commerce. C'est là que ses peintres, ses sculpteurs, ses mosaïstes consacraient leur génie à glorifier ses saintes traditions et ses épopées populaires.

Et maintenant cette place, dont toutes les colonnades, dont toutes les pierres racontent au passant tant de fêtes éblouissantes ou d'actions dramatiques, c'est le rayon d'un jour splendide qui ne peut renaître, c'est le blason d'une noblesse anéantie, c'est le tombeau d'une nation.

Les grandes salles du palais ducal ont gardé les immenses tableaux historiques dont Bellini, Tintoret, Titien les avaient décorées. Mais ce ne sont plus les ambassadeurs qui entrent là pompeusement pour s'incliner devant le doge et le sénat. C'est une cohorte d'étrangers de toute sorte, qu'un *cicerone* mal vêtu promène de chambre en chambre, moyennant un tribut de quelques zwanziger. Aux voûtes, aux parois de la vieille cathédrale étincellent encore les auréoles des saints, les palmes des vierges, les vêtements d'azur et de pourpre des patriarches, mais nul actif *procurador* ne veille à l'entretien de ces précieuses incrustations, et nulle main pieuse n'en répare la dégradation. Les habitations des hauts fonctionnaires de la république encadrent encore la place dans leurs magnifiques arceaux, mais elles sont occupées par des officiers allemands. Les trois hauts mâts élevés en mémoire de Candie, de Chypre et de la Morée sont encore debout devant l'église, mais le dimanche et les jours de fêtes, un soldat hisse à leur sommet le pavillon autrichien.

C'en est fait! c'en est fait! les nuées de pigeons vénérés du peuple voltigent en vain de la tour du clocher sur les balcons de marbre du palais, ils ne conduiront plus un autre Dandolo à une autre victoire. La mer soupire en vain dans son veuvage au bord de la Piazzetta : elle n'enlacera plus dans ses vagues les flancs du

Bucentaure, elle ne recevra plus dans son sein l'anneau d'or de son époux. Le lion ailé de Saint-Marc regarde en vain l'espace du haut de sa colonne; il ne portera plus l'effroi dans une autre contrée. Sa force est vaincue : ses ailes sont enchaînées.

C'en est fait! un empereur foule aux pieds le sol où un empereur s'est agenouillé.

An emperor tramples where an emperor knelt.

Ce vers de Byron est comme un arceau jeté entre l'âge fortuné de Venise et son âge de soumission, entre l'ère de Frédéric Barberousse et l'ère actuelle de François-Joseph.

Dans l'extinction de cette fière république, la place Saint-Marc a conservé, à travers les vicissitudes de plusieurs fatales révolutions, l'imposant aspect de sa grandeur première. Superbe est son palais ducal avec ses colonnes bysantines, ses arceaux moresques, ses balcons dentelés et le large étage à la façade morne qui s'élève au-dessus de cette base élégante, comme un emblème de l'austérité républicaine joint au luxe des patriciens. Solennelle au plus haut degré est sa cathédrale avec son pavé de mosaïque qui s'est affaissé sous les pieds des prêtres, ses chapelles obscures, ses murs où, à chaque rayon de soleil pénétrant à travers les vitraux sombres, on voit se détacher sur un fond d'or une figure d'apôtre, une tête d'évangéliste, une page de la Bible. Charmant est ce carré de galeries qui se déroule en face de l'église avec ses arceaux artistiques et ses magasins de luxe; qui, d'un côté, touche aux rues les plus populeuses de la cité, et de l'autre à la mer. De même que dans le corps humain, qui s'en va mourant, les extrémités se refroidissent d'abord, tandis que l'action vitale subsiste encore dans la poitrine; de même, dans la prostration de la nationalité vénitienne, un dernier reste de l'éclat du passé se montre sur cette place où fut le forum de la république, le tribunal de ses juges, le trône de ses doges, le théâtre de ses triomphes et l'abîme de ses douleurs.

Quand par un beau jour on a vu, sous ce ciel d'Italie, aux bords de sa mer azurée, cette place magique avec ses édifices qui, par leur structure, rappellent à la fois à la pensée les gracieuses conceptions des Arabes, les naïfs dessins de l'époque byzantine, les idéales fantaisies du moyen âge, on comprend que Foscari se résigne à la torture pour revenir à Venise, et n'aspire dans ses souffrances qu'à reposer ses regards sur cette ville aimée.

Mais, lorsque de cette place on s'en va avec une gondole errer à travers le réseau des rues, des carrefours intérieurs de la cité, quel triste spectacle, quelle misère de toute part! Pauvres maisons serrées l'une contre l'autre dans une même apparence de langueur et d'abandon, ténébreuses boutiques où l'on voit étalés les haillons de l'indigence, longues lignes d'anciennes habitations à la face morne, aux murs lézardés, où rien ne bruit, où rien ne se meut, et dont l'aspect seul donne aux passants une indicible impression de froid physique et moral et de moisissure; eaux croupies, eaux sales des canaux, sur lesquelles glisse en silence la noire gondole. Car elles sont noires, toutes ces légères gondoles si souvent chantées par les poètes. C'est le doge Barbarigo qui, au xve siècle, l'ordonna ainsi pour mettre fin au luxe extravagant que les jeunes patriciens déployaient dans leurs embarcations. Depuis cette époque, elles ont été constamment construites dans la même forme et revêtues de la même funèbre couleur. Autrefois, par leurs noires charpentes, par leurs noires cabines et leurs noirs coussins, elles devaient faire un singulier contraste avec les fêtes bruyantes et les scènes de roman dont elles étaient toujours un élément essentiel. A présent il semble qu'elles portent, de lagune en lagune, le deuil de Venise. C'est surtout sur le Grand-Canal que cette image de deuil saisit le cœur. Là, était autrefois le quartier privilégié de l'aristocratie, là vivaient la plupart des grandes familles inscrites au livre d'or; là se sont élevés les palais de marbre dessinés par les plus habiles architectes, décorés par des artistes de premier ordre. Chacun de ces palais avait un nom historique. Au faste de sa construction se joignaient de nobles armoiries. Ses maîtres commandaient des flottes, siégeaient au sénat, ou portaient la couronne de doge.

Maintenant dans son long double circuit, ce Grand-Canal est comme la rue principale d'une ville dégradée par le temps ou dévastée par une invasion. Ses palais tombent en ruine; les uns sont déserts, d'autres abandonnés pour un prix modique à d'humbles locataires. Sur quelques-uns de ces balcons, où jadis la riche patricienne s'asseyait le soir dans l'orgueil de sa beauté et l'éclat de sa fortune, flottent aujourd'hui les vêtements d'un ouvrier. Sur un autre, on lit en grosses lettres : *Mont-de-Piété*. Quelques-uns ont été pris par l'administration autrichienne pour y établir sa nombreuse bureaucratie. Plusieurs appartiennent à des banquiers étrangers, et ceux-là seuls qui ont été envahis par le gouvernement ou achetés par quelques riches particuliers gardent leur consistance. Les autres menacent de s'écrouler pierre par pierre dans les flots, où ils s'élèvent sur une forêt de pilotis.

Il en est deux remarquables entre tous par l'élégance de leur structure et le soin vigilant avec lequel ils sont entretenus. L'un appartient à M. le comte de Chambord, l'autre à Mme la duchesse de Berry. En l'absence de leurs augustes maîtres, qui n'y viennent séjourner qu'en hiver, j'ai pu les visiter. Dans le premier, j'ai trouvé de touchants souvenirs de France; dans le second, tout un musée d'objets d'art disposés avec un goût exquis. Je suis entré là avec respect, j'en suis sorti avec une émotion de cœur. Des Anglais qui, le lorgnon dans l'œil et le carnet à la main, parcouraient ces palais en même temps que moi, ont inscrit leur nom sur deux registres ouverts à l'entrée des salons. Je n'ai pas voulu y tracer le mien. La douleur de l'exil est sacrée; si on ne peut la soulager n'est-ce pas l'offenser que de laisser devant elle la trace d'une démarche qu'elle peut prendre pour un acte de froide curiosité?

Le palais de Mme la duchesse de Berry, chef-d'œuvre d'architecture du XVe siècle, a appartenu à la famille des Vendramini; celui de M. le comte de Chambord à la famille des Giustinani.

Que sont devenus les descendants de toutes ces familles qui ont gouverné, illustré, agrandi l'État de Venise; les descendants de ce merveilleux Dandolo qui, à l'âge de quatre-vingt-dix-sept ans, conduisait une flotte à Constantinople et s'élançait l'un des premiers à l'assaut de la capitale de l'empire d'Orient; les descendants de Morosini, l'un des héros de la bataille de Lépante; de Marco Cornaro, dont la petite-fille devint reine de Chypre; les descendants des Mocenigo, qui donnèrent sept doges à la république; des Foscari, dont le palais était choisi entre tous pour recevoir les princes qui visitaient Venise, et qui, tour à tour, a vu dans ses vastes galeries Henri III de France, Frédérik III de Danemark, un roi de Pologne et plusieurs souverains de l'Allemagne? La plupart de ces familles sont éteintes; elles sont mortes avant la république dont elles formaient le puissant faisceau; d'autres végètent obscurément dans la ville où trônaient leurs aïeux. Les deux derniers héritiers du nom de Foscari étaient, il y a quelque temps, engagés dans une troupe d'acteurs de second ordre, et, en consultant les registres de l'administration autrichienne, on y trouverait plusieurs autres Vénitiens portant un nom aussi illustre et vivant du salaire d'un modeste emploi.

La république de Venise a péri, et elle devait périr. Œuvre factice, elle devait cesser d'être quand ses uniques éléments de force cessaient d'exister; quand d'autres ports plus larges, plus accessibles que le sien, s'ouvraient sur divers points; quand le commerce se frayait de nouvelles routes; quand, après avoir joui d'une sorte de monopole maritime, cette reine des flots se laissait peu à peu enlever par les autres États de l'Europe les fleurons de sa couronne. Comme l'a dit un écrivain, Venise veillait quand l'Europe était assoupie, et elle s'est nonchalamment endormie quand l'Europe s'est éveillée.

Elle a péri; elle devait périr par la base nécessairement éphémère de sa grandeur, et, il faut le dire aussi, par le vice radical de son gouvernement, dont on ne peut, sans une profonde réprobation, observer la constitution. Oui, ce fut, entre tous les genres de despotisme qu'on a vus s'élever à la surface du globe, un des plus cruels et des plus orgueilleux. Dans ses archives, il a laissé les atroces règlements de son inquisition; dans ses monuments, les cachots souterrains, le pont des Soupirs; dans l'intérieur de ses palais, il ouvrait le plus large accès à la délation; il ne se contentait pas de l'attendre, il l'appelait et la provoquait. La défiance était un de ses premiers principes, l'espionnage une de ses plus actives mesures, et les sentences impitoyables une de ses règles systématiques. Avec de tels moyens on opère peut-être de grandes choses par la force de la terreur; mais on ne développe point les germes de vie d'une nation, et l'on ne fonde point un État durable.

Remarquons encore que, dans ses rapports avec les autres peuples, ce gouvernement n'a jamais fait preuve que d'un habile calcul et d'un froid égoïsme. Dans sa phase la plus brillante, son sénat garda toujours ses instincts de marchand. La gloire pouvait lui sourire; mais, pour qu'elle le charmât, il fallait qu'elle lui apparût comme aux Argonautes, avec une toison d'or. Dès le temps des croisades, dès cette époque où les princes et les peuples, animés d'un même sentiment de foi et d'honneur chevaleresques, faisaient le sacrifice de leurs biens et de leur vie pour accomplir ce qu'ils considéraient comme une sainte œuvre, Venise spéculait sur ce pieux enthousiasme; Venise prêtait ses navires aux croisés, et, à défaut d'argent, exigeait une partie de leurs conquêtes. Depuis, on ne l'a pas vue se départir un seul instant de ces calculs mercantiles, et ces calculs mêmes, dont le succès l'a plus d'une fois réjouie, ont été une des causes de sa ruine. Dans l'orgueilleux sentiment de sa force et l'étroitesse de ses combinaisons, elle n'a point cherché à s'assimiler les provinces qu'elle soumettait; elle les a opprimées, exploitées, et, dès qu'elles en ont trouvé l'occasion, ces provinces se sont avec empressement soustraites à sa domination. Dans la grande crise de la fin du dernier siècle, cette même habitude de spéculation l'a aveuglée. Placée entre deux armées ennemies, qui toutes deux n'exigeaient d'elle qu'une stricte neutralité, elle a été, selon les circonstances, de l'une à l'autre, menteuse et traître. Son jour d'expiation était venu, et d'un signe de tête Napoléon lui fit abdiquer sa longue souveraineté.

Quoi qu'il en soit de cette histoire de Venise, où de glorieux rayons éclatent à travers un sombre pouvoir, nous ne dirons point avec Th. Moore :

> Mourn not for Venice — let her rest
> In ruin 'mong those states unblest
> Beneath whose gilded hoofs of pride
> Wher'er they trampled, freedom died[1].

Non, la chute d'un État qui, pendant plusieurs siècles, a occupé une si grande place dans le monde, qui, l'un des premiers, a ravivé en Europe le sentiment des arts, l'étude des sciences, l'amour des lettres, ne peut s'accomplir sans éveiller dans le cœur un regret. Toute mort est triste d'ailleurs ; toute ruine jette sur la terre une ombre, et dans l'esprit humain une douloureuse appréhension. Il faut plaindre ceux qui succombent, quelles que soient leurs fautes, quelles qu'aient été leurs erreurs. Qui sait si un jour nos petits-neveux n'entendront pas la même plainte des étrangers errant dans le deuil de la France ?

Cependant le peuple de Venise semble fort peu préoccupé des diverses phases par lesquelles a passé son pays. Perpétuellement écarté de

---

1. Ne pleure pas sur Venise, laisse-la dans ses ruines, avec ces malheureux États qui, sous leur talon doré, sous leur pied orgueilleux, partout où ils régnèrent, firent mourir la liberté.

toute participation aux affaires par le superbe dédain de la noblesse, ce peuple n'a pas pu avoir une passion politique. Il a toujours vécu sous la loi de ses maîtres dans une sorte de placide résignation. Si, de temps à autre, quelques individus, outrés d'un abus de pouvoir, d'un excès de cruauté, essayaient d'organiser une révolte, comme Bertuccio ou Jaffier, ils étaient bientôt découverts, arrêtés, et le tribunal des Dix en faisait prompte justice.

En 1848, par je ne sais quel emportement, si ce n'est par l'effet de la fièvre démocratique qui, en cette année, bouleversa toute l'Europe, le peuple de Venise fit aussi sa révolution, chassa les fonctionnaires autrichiens et proclama la république; il a même, pendant dix-sept mois, gardé son nouveau drapeau. Les provinces de la Lombardie étaient déjà soumises qu'il défendait encore ses lagunes contre les troupes de Radetzky; puis il est retombé sous la domination dont il a cru un instant être à tout jamais affranchi, et il semble si indifférent à sa forme de gouvernement, qu'on ne conçoit pas qu'il ait jamais eu la fantaisie de vouloir s'en créer une autre. Ici, les soldats et les agents de l'Autriche ne sont point, comme à Milan, frappés, par la population qu'ils maîtrisent, d'une sorte d'ostracisme; ici, on ne voit point, ainsi que dans la capitale de la Lombardie, les citoyens éviter, comme d'un commun accord, le contact des officiers; les pères de famille leur fermer l'entrée de leurs demeures, les jeunes gens les laisser seuls dans les cafés et seuls dans les promenades.

Les Vénitiens n'ont point de telles animadversions ni une telle persistance dans leurs ressentiments; ils se montrent, au contraire, très-courtois envers la garnison autrichienne, très-empressés d'assister à ses parades, et applaudissent de grand cœur à la musique dont elle les régale chaque semaine.

Peuple insouciant, peuple léger, uniquement occupé des besoins du moment ou des plaisirs du jour, comprend-il seulement la portée de ces grands mots de liberté et d'indépendance qu'on a fait résonner à son oreille? Sous son étendard républicain, au plus beau temps de sa puissance maritime, n'a-t-il pas toujours vécu dans une sorte de servitude? Et, soumission pour soumission, celle que lui imposait sa superbe oligarchie était-elle plus douce que celle qui lui est infligée par l'Autriche? Je ne le pense pas. Reste le sentiment instinctif plutôt que réfléchi de fierté et de dignité nationales qui peut bien l'exalter en certains moments, mais qui ne suffit pas pour le soutenir dans l'effort d'une longue lutte.

Son histoire en a fait un peuple soumis; sa mer et son ciel en ont fait un peuple heureux. Oui, vraiment, il est heureux autant que peut l'être dans sa native indifférence l'homme qui ne se tourmente point d'un sort qu'il ne peut avoir, qui se contente des joies faciles que la nature elle-même répand autour de lui : peu lui suffit pour vivre, et s'il doit travailler, il ne travaille du moins qu'autant que la nécessité rigoureuse l'y oblige. Une fois qu'il tient quelques zwanziger, il faut le voir, le vrai plébéien de Venise, s'en allant flânant sur les quais comme un écolier en vacances, s'arrêtant devant toutes les boutiques comme un grand seigneur qui cherche un nouveau caprice à satisfaire, échangeant quelques paroles avec tous les gens de connaissance qu'il rencontre, et, çà et là, savourant avec délices une tranche de pastèque ou une tranche de courge qu'un cuisinier ambulant retire toute chaude du brasier sur lequel il l'a fait rôtir.

Il faut le voir sur la place Saint-Marc, au milieu des boutiques étincelantes, des cafés remplis d'étrangers, se promenant comme un roi à qui tous ces magasins, toute cette foule s'offrent bénévolement en spectacle; il va d'une galerie à l'autre, redescend sur la place, tantôt attiré par le son d'une guitare, tantôt par l'orchestre d'une troupe de Tyroliens, puis par une lanterne magique ou par son cher Polichinelle, faisant cercle partout et partout se délectant gratis à cette musique, à ces tableaux que les riches payent pour eux et pour lui.

La soirée ne lui suffit pas pour goûter tous les agréments de la vie; le soleil souvent le gêne; bonsoir au soleil qui vient de se coucher! sans lui on respirerait plus à l'aise. A Venise, l'ordre du jour est bien autrement interverti par un fait constant qu'il ne l'est en hiver par les bals dans nos quartiers aristocratiques. A Venise, l'année durant, sur le quai des Esclavons et dans les rues les plus populeuses, cabarets et tavernes sont ouverts toute la nuit, et toute la nuit retentissent d'entretiens bruyants ou de joyeuses chansons. Les cafés de la place Saint-Marc, fréquentés par les gens du grand monde, distribuent perpétuellement glaces et sorbets, limonades et chocolats. Le café Florian, ouvert en 1797, n'a été, dans cet espace de cinquante-cinq ans, fermé qu'une seule journée, en 1848 ; il a fallu une révolution radicale pour le faire une fois manquer à ses habitudes.

Si l'étranger qui, le soir, après un voyage fatigant, entre dans un hôtel de Venise avec l'ardent désir de s'y reposer, gémit de ce mouvement nocturne, il peut fort bien arriver aussi que tout à coup il distingue, au milieu de ces rumeurs confuses, une mélodie qui le surprenne, l'émeuve et lui fasse peu à peu oublier qu'il avait envie de dormir.

Le peuple vénitien a l'instinct de l'harmonie, l'amour de la musique ; les leçons de l'art ne lui sont point nécessaires, la nature elle-même lui a donné la justesse de l'oreille et les vibrations de la voix. Je dois dire pourtant que j'ai été fort désappointé en écoutant les stances du Tasse chantées par les gondoliers. Ce chant était si monotone, si lourd et si désagréable, qu'après avoir payé pour l'entendre, j'aurais volontiers payé un nouveau tribut pour le faire cesser. Mais, par une belle journée du ciel vénitien, par un de ces heureux jours qu'il faut marquer d'une pierre blanche dans les sentiers de la vie, j'ai été au Lido, escorté par une barque sur laquelle un chœur de musiciens organisés, sous le nom de *Societa di Modena*, chantent le long des lagunes des canzoni, des barcarolles populaires, les unes déjà anciennes, d'autres écloses de la veille par une fraîche improvisation, comme des fleurs par un rayon de soleil matinal. C'était un plaisir indicible que de glisser à la surface aplanie des flots dans un air tiède, sous un ciel sans nuages, en face des verts gazons du Lido, et d'entendre ces chants tour à tour si vifs ou si graves, et quelquefois empreints d'une tendre mélancolie. L'un de ces chanteurs avait une des voix les plus pénétrantes qu'il soit possible d'imaginer; c'était un beau jeune homme, à l'œil noir, à la figure expressive; la moustache frisée, le chapeau coquettement posé sur de longs cheveux bouclés, il marchait d'un air délibéré comme un homme qui se dit : « Qu'importe qui gouverne, et qu'importe qui paye! j'ai pris mon lot dans la loterie de ce monde, je porte ma fortune avec moi. » Sans avoir jamais étudié une note de musique, il lui suffisait d'écouter un morceau d'opéra pour le retenir et le répéter fidèlement. J'ai su depuis que ce joyeux Giacomo gagnait beaucoup d'argent à suivre les étrangers qui se promènent en gondole, et qu'il dépensait libéralement la nuit, avec ses amis, l'argent qu'il avait gagné dans le jour.

Entre autres barcarolles qu'il entonnait successivement avec une bonne humeur et une complaisance parfaite, il en chanta une dont un même compositeur a fait les paroles et la musique, et que tous les enfants murmurent à présent dans les rues de Venise :

Vieni : la barca è pronta.

Cette barcarolle est pour moi comme une image même, et une des plus véridiques qu'on puisse trouver, du caractère vénitien. Caressante et molle, elle invite à l'amour, elle invite à la paresse, elle soupire comme la vague, elle berce le cœur dans ses tendres modulations.

Les Vénitiens ont aussi le sentiment de l'art ; ils n'ont pu naître et grandir au milieu de tant de nobles œuvres d'architecture, de sculpture, de peinture, sans que leur intelligence s'ouvrît, sinon à la parfaite compréhension, au moins à l'admiration des travaux des grands artistes. Aux jours de fêtes où le musée de Venise est ouvert à tout le monde, j'ai suivi des groupes d'ouvriers et de filles du peuple dans les galeries où se déroulent quelques-unes des plus belles toiles de l'école vénitienne, et, soit par l'effet d'une connaissance traditionnelle, soit par instinct ou par le pouvoir d'attraction que le génie exerce sur l'esprit le moins éclairé, je les ai vus constamment s'arrêter devant les tableaux les meilleurs, surtout devant le merveilleux tableau du Titien, devant cette *Assomption de la Vierge*, divine exécution d'une divine pensée, chef-d'œuvre qui me semble, avec *la Vierge Sixtine* de Raphaël, la plus idéale expression de l'art humain.

Quant aux lettres, si elles occupent à Venise quelques hommes studieux, elles les occupent fort discrètement. Sauf des *Guides de voyageur*, et par ci par là quelque dissertation de circonstance, je ne sache pas qu'il se publie rien dans cette cité des Aldes. Qu'il y ait de précieux travaux préparés lentement dans l'ombre de plus d'une retraite silencieuse, et des sonnets, et des odes amassés dans la demeure de plus d'un poëte, c'est cependant ce dont on ne peut douter.

A une demi-lieue environ de Venise, dans une île où jadis on reléguait les lépreux, il est pourtant une maison où la science est venue de loin chercher un refuge, où la science prospère par l'appui de la religion. C'est le couvent des Arméniens catholiques, qui porte le nom de Mekhitaristes, en mémoire de son fondateur, Manong de Sébaste, qui, en entrant dans les ordres religieux, prit le nom de Mekhitar (consolateur). Pendant son séjour à Venise, Byron allait là prendre des leçons d'arménien d'un savant prêtre qui vit encore, et ne parle pas sans émotion de son glorieux élève.

J'ai été là, obscur voyageur, et un jeune professeur arménien, fils d'un négociant de Constantinople, m'a reçu dans l'enceinte de son cloître avec autant d'empressement, je pense, que si je lui avais apporté l'auréole d'une illustration, et, devinant mon origine à l'accent avec lequel je m'exprimais en italien, il s'est mis presque aussitôt à m'adresser la parole en français. En un instant, grâce à sa physionomie ouverte, à sa bienveillante nature, je me suis trouvé à mon aise avec lui comme si je l'avais connu depuis longtemps, et nous nous sommes promenés ensemble amicalement, gaiement, dans les allées du jardin et dans les salles du couvent. Si quelque jour, par hasard, ces lignes lui tombent sous les yeux, je désire qu'il y trouve un sentiment de gratitude pour son affectueux accueil.

Le couvent occupe toute l'étendue de l'île Saint-Lazare, dans une position charmante; d'un côté, ses fenêtres s'ouvrent sur les édifices de Venise; de l'autre, sur les vastes plantations du Lido; de toutes parts, sur l'eau bleue et le mouvement des lagunes.

Il y a là quinze prêtres et trente élèves qui reçoivent une éducation gratuite. Les prêtres et le supérieur, élu par la communauté, confirmé par le pape, vivent ensemble de la même vie, comme les premiers disciples de l'Église, et doivent mettre en commun tout ce qu'ils possèdent. Chacun de ces prêtres est chargé d'une tâche spéciale qui s'applique surtout à l'enseignement; les uns font à leurs élèves des cours de langues anciennes et modernes; d'autres, des cours de science. L'établissement possède une nombreuse bibliothèque et un très-bon cabinet de physique. Quelques religieux ont pris à tâche de former des typographes, et ils sont parvenus à constituer un atelier d'ouvriers habiles qui impriment des livres en plusieurs dialectes, des traductions d'ouvrages arméniens en langues européennes, et d'ouvrages européens en langue arménienne. Ils publient, en outre, dans cette dernière langue, un recueil périodique, *le Polyhistor*, destiné à répandre, parmi les lointaines populations de l'Asie Mineure, les idées intellectuelles des États de l'Europe les plus civilisés. D'un côté, cette active institution ramène sous nos yeux les éléments d'un idiome, d'une littérature, d'une histoire à peu près complétement ignorés parmi nous, et, de l'autre, elle répand parmi les populations primitives le meilleur germe de la civilisation moderne. Dans son immense cercle d'action, elle touche à la fois aux deux points les plus extrêmes de l'esprit humain, à l'enfance de ses traditions, et à son plus haut développement; à l'Orient et à l'Occident; à l'arche du mont Ararat, et à la Sorbonne de la montagne Sainte-Geneviève.

Comme un flot limpide, cette religieuse pensée a découlé des régions de l'Arménie, et, comme une eau féconde, elle retourne fertiliser le sol où elle a pris sa source.

Étrangère à toutes les révolutions politiques, uniquement occupée de ses pieux travaux et de ses religieux désirs de propagation, la communauté de Saint-Lazare a vu se succéder dans la république de Venise, sans en être ébranlée, plusieurs gouvernements. La république la respectait; Napoléon la prit sous son patronage, l'Autriche la protége. Elle mérite à tous égards les témoignages d'estime qu'elle a reçus. Il existe à la surface de l'Europe un grand nombre d'établissements religieux plus considérables, il serait difficile d'en trouver un plus intéressant.

VI

TRIESTE

VI.

TRIESTE.

Si l'on veut voir en un trajet de quelques heures un contraste remarquable entre deux villes, entre deux époques, qu'on prenne le bateau à vapeur qui part de Venise pour Trieste. A minuit, vous voyez peu à peu s'effacer derrière vous, puis disparaître la ville des doges, comme si elle s'abîmait dans les flots d'où elle est sortie; le matin, vous voyez s'élever devant vous les hautes maisons de Trieste. Là-bas est le souvenir, ici l'espérance; là, les splendides œuvres d'art du moyen âge, les trophées des combats héroïques; ici, l'action pratique des temps modernes, et les chiffres de l'inventaire annuel; là, le livre d'or sur lequel de royales dynasties étaient inscrites à côté des familles patriciennes ; ici, le livre d'achat et de vente ; là, une noble cité qui, les yeux fixés sur son passé, se dit qu'elle a vécu et se fait un linceul de son manteau ducal ; ici, une jeune, forte, laborieuse cité qui, dans le rapide accroissement de ses forces, regarde avec assurance vers l'avenir. Pour ajouter un effet de plus à ces contrastes, il semble que les armateurs du *Lloyd* aient choisi exprès les heures de départ de leurs bateaux, qu'ils prennent à Venise les voyageurs à l'heure où tout est enveloppé dans les ténèbres, et les amènent à Trieste à l'heure où se lève le soleil.

Trieste est pourtant une ville plus ancienne que Venise. Elle existait déjà depuis plusieurs siècles, elle avait un temple de Jupiter, elle était inscrite au nombre des cités romaines, que les lagunes où devait un jour resplendir la reine des mers étaient encore tout au plus habitées par quelques pêcheurs. Mais le développement, l'importance, la vraie vie de Trieste ne datent que d'un demi-siècle. Précédemment ce n'était qu'un port infime, fréquenté seulement par des bateaux de caboteurs ; précédemment une faible cité qui subit tous les désastres des guerres et des invasions du moyen âge : saccagée par les Gépides, prise par les Goths et par les Lombards, relevée une première fois par les Byzantins, elle fut d'abord incorporée dans l'exarchat de Ravenne, puis conquise par Charlemagne, livrée au duc de Frioul, et enfin subjuguée par les Vénitiens. En même temps, les patriarches d'Aquilée, les margraves de l'Istrie, se disputaient sa possession.

En 1202, Henri Dandolo l'envahit et lui fit prêter serment de fidélité à la république de Venise. A peine Dandolo est-il parti, que voici venir le duc de Carinthie qui châtie la malheureuse ville de son impuissance, et l'oblige à un autre serment. Le duc se retire, et les Vénitiens reparaissent, qui à leur tour la nomment la ville rebelle et la traitent en conséquence. Pour comble de malheur, sa bourgeoisie est en lutte avec son évêque. A diverses reprises, elle achète ses franchises municipales du prélat qui avait sur elle les droits d'un seigneur féodal; le pacte conclu, le patriarche d'Aquilée et les comtes d'Istrie refusent d'en reconnaître la validité. Plusieurs fois ainsi elle croit avoir, à l'exemple des villes libres d'Allemagne, des communes de France, obtenu son affranchissement, et elle a de nouveau les mains liées. Un jour elle en vient, dans sa joyeuse confiance, à croire qu'elle va se gouverner elle-même : elle élit un chef, elle lui donne le titre de capitaine général. Mais les Vénitiens ne lui permettent pas de telles excentricités ; ils l'envahissent de nouveau et la soumettent à un nouveau vasselage.

Lasse enfin de tant d'efforts inutiles, opprimée par ses propres luttes et par l'insatiable ambition de ses voisins, pour mettre un terme à ses calamités, elle se résout à s'imposer elle-même un maître, mais un maître puissant. Elle invoque l'appui de l'empire germanique et se donne volontairement à Charles IV. On imagine peut-être que la voilà enfin placée sous une sûre égide, associée à jamais à l'empire dont elle doit être un jour la grande ville maritime? Non pas. Nous ne sommes point encore au bout des péripéties de cette singulière chronique. Charles IV, attachant peu de prix à cette ville soumise à tant de fluctuations, la remercie pourtant de se donner à lui; mais, au lieu de la garder, il en fait galamment cadeau à son frère Nicolas, patriarche d'Aquilée. Aussitôt les Vénitiens se mettent en campagne et replacent l'étendard de saint Marc sur les murs de Trieste. Une seconde, une troisième fois, la ville vaincue en appelle à l'Allemagne qui ne daigne pas l'écouter, au duc d'Autriche qui la laisse tranquillement prendre par les Génois, puis reconquérir par les Vénitiens. En 1382, elle fait une dernière tentative, elle invoque l'appui de Léopold, elle demande à se lier à tout jamais par un lien indissoluble à la maison d'Autriche. Dès cette époque, elle a en effet appartenu à l'Autriche. Cependant elle paya encore longtemps un tribut à Venise qui ne pouvait se résoudre à lâcher sa proie, et elle était tenue d'envoyer à chaque élection ducale une ambassade à sa vieille ennemie pour offrir ses humbles compliments au nouveau doge.

Ces deux signes de vasselage : le tribut et l'hommage, se perpétuèrent jusqu'au règne de Maximilien, qui fit une rude guerre aux Vénitiens et leur enleva une partie de leurs conquêtes.

Les souverains autrichiens, qui, pendant un si long espace de temps s'étaient montrés si indifférents à la situation de Trieste, comprirent enfin qu'il pouvait être assez important pour eux d'avoir ce port sur l'Adriatique et voulurent bien s'en occuper. Au XVIe siècle, l'archiduc Charles lui donna une constitution municipale; au XVIIe, Ferdinand II projetait de créer dans cette ville un grand arsenal maritime, et sur la fin du même siècle, on pensait à en faire une cité commerciale de premier ordre. Toutes ces combinaisons étaient fort belles, mais elles restèrent à l'état de théorie.

Joseph Ier voulut savoir à quoi s'en tenir sur le véritable état, sur les ressources de Trieste. Il adressa aux magistrats une série de questions auxquelles il les invitait à répondre. La réponse fut rédigée en termes nets, précis comme ce prince le voulait. C'est un document curieux à lire et curieux à mettre en parallèle avec les bulletins actuels du Lloyd. « Notre cité, y est-il dit, n'est qu'une pauvre cité (*una povera citta*). On n'y compte guère que cinq mille habitants. Parmi ceux qui y font le commerce, il en est peu qui disposent de plus d'un millier de florins, et on y trouve à peine les denrées nécessaires à la consommation des campagnes qui l'environnent. Malgré ses traités et ses conventions, Venise continue à entraver ici cruellement la liberté du commerce. Elle oblige chaque barque, chaque navire sortant de Trieste à se rendre à Capo d'Istria pour y prendre une permission de transit. Si les Vénitiens rencontrent un bâtiment dépourvu de cette permission, ils le capturent, le conduisent dans un de leurs ports, vendent sa cargaison à leur profit, et condamnent l'équipage à servir sur leurs galères. »

Joseph Ier, qui était à la fois un homme de jugement et un homme de cœur, ne pouvait manquer d'être frappé d'une telle situation et de l'humble tristesse avec laquelle elle lui était exposée. La brièveté de son règne l'empêcha d'y apporter remède. Il légua cette tâche à son successeur.

En 1717, Charles VI publia un manifeste par lequel il assurait à ses sujets la libre navigation de l'Adriatique, déclarant qu'il traiterait comme corsaire tout navire qui oserait attenter à cette liberté. En même temps, il concluait un traité de commerce avec la Turquie et sanctionnait à Vienne les statuts d'une société de commerce qui prenait le titre de Compagnie orientale, qui d'un côté par Ostende, de l'autre par le Danube et la mer Noire, et en troisième lieu par l'Adriatique, se proposait d'ouvrir des relations avec le monde entier.

Pour réaliser sur un de leurs points essentiels ses vastes conceptions, Charles VI voulut qu'une nouvelle ville fût construite à Trieste. Il en fit dessiner les rues, il y appela des colons, et enfin il y établit une marine militaire. La population de la cité s'accrut pourtant fort peu. On ne détourne point par un acte de chancellerie un courant commercial de la pente qu'il suit depuis longtemps, on ne décrète point la prospérité d'une ville comme son anéantissement. Pierre le Grand est le seul qui par sa puissance suprême ait pu, en frappant du pied les rives marécageuses de la Néva, en faire sortir une capitale.

La Compagnie orientale, après avoir construit plusieurs grands navires, un entre autres qui fut lancé à Trieste et qui s'appelait à juste titre *le Premier-Né* (*il Primogenito*), termina ses vastes opérations d'une façon qui ressemblait fort à une faillite.

De toutes les résolutions de Charles VI, ce qui resta de plus net pour Trieste, fut l'édit qui lui assurait enfin la libre navigation de l'Adriatique, édit dont les Vénitiens n'osèrent, malgré leur hardiesse, braver les menaces.

De la femme au noble cœur que les Hongrois saluaient du nom de roi, datent les premières salutaires institutions, et quelques-unes des plus utiles constructions de Trieste. Des événements de la fin du siècle dernier, date sa prospérité. Alors, les anciennes villes maritimes de l'Adriatique avaient déjà l'une après l'autre perdu leur première importance, et Venise s'affaissait sous l'épée du soldat à qui elle avait refusé de s'allier. Trieste allait régner sur cette mer où si longtemps elle était restée soumise à tant de durs servages. Trieste était appelée à recueillir la fortune commerciale de la fière cité qui l'avait à tant de reprises asservie à son âpre domination. Perpétuelles péripéties des choses humaines, austères et mélancoliques leçons de l'histoire! Le spectacle de la chute des empires les plus puissants, de la ruine des villes les plus florissantes, nous amène peu à peu à ne plus considérer que comme un rêve de notre orgueil nos espérances de stabilité, à ne plus croire qu'à une succession perpétuelle de révolutions où des trônes séculaires s'écroulent, où les peuples qui ont tenu la plus grande place dans le monde laissent tomber leur glaive et le flambeau de leur intelligence entre les mains d'un autre peuple.

L'occupation de Trieste par les Français, en 1809, ne fut pour cette ville qu'un fâcheux épisode. Napoléon pourtant la plaçait dans une de ses vastes conceptions. Il voulait en faire la capitale d'un royaume, composé de l'Illyrie, de la Bosnie, de l'Herzegovine et du Montenegro. Mais il n'eut pas le temps de réaliser ce projet, et l'administration qu'il établit dans cette cité n'eut pas le temps non plus de réparer le préjudice dont les Triestains souffrirent par la perturbation qu'une invasion étrangère jetait dans leurs affaires, par la taxe énorme qui leur fut imposée.

En 1813, Trieste fut reconquise par l'Autriche, qui lui donna, comme l'Espagne à la Havane, le titre de *Cité fidèle*, et en fit le point central d'une province maritime, désignée sous le nom de Littoral autrichien. De plus, elle élargit ses anciens priviléges. Trieste est maintenant un port franc, plus franc que ceux qui en Russie portent le même nom, et plus franc même à certains égards que ceux de Brême, Lubeck, Hambourg. Sauf les quelques denrées dont le gouvernement s'est réservé le monopole, telles que le tabac, le sel, la poudre, toutes les marchandises entrent ici sans payer de droit, et les étrangers qui viennent s'établir dans cette ville n'ont point à y souffrir des formalités traditionnelles, des entraves que les libres villes anséatiques opposent encore aux entreprises commerciales de tout nouveau venu.

Deux institutions ont plus aidé au développement de Trieste que les bienveillants édits de plusieurs souverains. L'une est la députation de la Bourse; l'autre le *Lloyd*. La députation de la Bourse, fondée en 1794, représente à la fois nos chambres et nos tribunaux de commerce, avec des attributions cependant plus étendues. Elle est chargée de la police du port, du règlement des droits de navigation, de la direction des écoles de navigation, de la construction et de l'entretien des phares sur toute la côte d'Istrie et de Dalmatie. Elle s'est acquis par son activité, autant que par le sage exercice de son pouvoir, l'estime générale, et le gouvernement autrichien a souvent recours à ses conseils.

Le Lloyd s'est formé en 1833 de la fusion des diverses compagnies d'assurance qui existaient alors dans la ville. Une fois qu'elles se sont trouvées liées en un même faisceau, ces sociétés ont compris qu'elles ne devaient plus borner l'emploi de leurs forces et de leurs capitaux aux simples calculs qui les occupaient précédemment. Elles ont pris à tâche d'imprimer un autre élan à la navigation de Trieste, de lui ouvrir de nouvelles voies, et ont pleinement réussi dans leurs efforts.

Plus sage que la compagnie orientale, qui du temps de Charles VI aspirait au commerce du monde entier, et que la compagnie des Deux-Indes, qui, sous le règne de Joseph II, poursuivit le même rêve, le Lloyd de Trieste ne s'est point lancé dans de si aventureuses conceptions. Il a restreint son cercle d'activité aux mers qui l'avoisinent. Il a commencé son œuvre avec prudence par quelques bateaux à vapeur, dont il suivait la marche d'un œil inquiet. Une tentative heureuse l'a conduit à en faire une autre; son succès d'année en année s'est accru; ses capitaux se sont multipliés, et sa hardiesse a grandi avec sa fortune. Peu à peu il en est venu à créer un service régulier de navigation sur toute l'Adriatique, sur la Méditerranée et la mer Noire. En 1838, il n'avait encore que dix bateaux à vapeur, il en a maintenant cinquante-trois. Il vient d'en commander en outre plusieurs en France et en Angleterre, et va joindre à ses lignes maritimes une ligne sur les fleuves de l'Italie septentrionale, une autre sur le lac Garda, sur le lac de Côme et le lac Majeur. Dans un espace de dix-huit ans, cette réunion de négociants aura constitué par son intelligence une force nautique considérable et pris entre ses mains la direction d'une immense navigation, depuis le Danube jusqu'à la mer Noire, depuis le Pô et l'Adige jusqu'aux rives du Nil.

Pour soutenir cette laborieuse entreprise, le Lloyd ne néglige rien de ce qui peut l'éclairer. Son organisation est à la fois remarquable par son extrême simplicité et sa parfaite entente. La société se divise en trois sections. Chaque section élit deux délégués qui composent entre eux la direction.

La première section continue le travail des assurances, qui fut l'œuvre fondamentale de la compagnie.

La seconde est chargée du service des bateaux à vapeur; elle a ses magasins, son arsenal, ses ouvriers, toute une légion de contre-maîtres, de cordiers, de forgerons et de charpentiers. A elle appartient le soin de faire construire les bâtiments, de les armer, de régulariser le service des différentes lignes et d'en créer de nouvelles, s'il y va de l'intérêt de la compagnie. C'est le département de la marine.

La troisième représente dans cette intelligente association les autres ministères : celui de l'instruction publique et celui des affaires étrangères. Elle a dans tout le Levant et sur plusieurs autres points des agents à sa solde qui lui adressent des rapports sur l'état des lieux où ils résident, les apparences de la récolte, le prix des denrées, en un mot sur tout ce qui peut d'une façon ou de l'autre influer sur le mouvement commercial. Ces rapports, qui ont souvent un intérêt politique, sont, à peu d'exceptions près, exposés à tous les regards, dans les salons de lecture du Lloyd. Sur les mêmes tables sont étalés les principaux journaux du monde entier. Enfin cette section qui amasse ainsi les nouvelles et les publications étrangères a voulu avoir l'honneur de répandre au dehors ses propres publications. Elle a fondé une imprimerie et un atelier de gravure. Elle édite deux grands journaux quotidiens, l'*Osservatore italiano* et le *Triest Zeitung;* un petit journal populaire, le *Diavoletto;* une feuille hebdomadaire, l'*Istrie*, et deux recueils mensuels, ornés de gravures, l'un rédigé par des écrivains de l'Allemagne, l'autre par des écrivains italiens.

Par toutes ces entreprises, le Lloyd s'est fait au loin un renom honorable, et Trieste lui doit en grande partie son développement actuel, développement qu'il ne lui était vraiment pas aisé d'acquérir ; car elle n'est point dans une situation très-favorable, cette ville de Trieste, que ses flatteurs appellent la nouvelle Venise. Elle n'a près d'elle ni grande région agricole, ni pays industriel, par conséquent pas d'éléments d'exportation. Elle a autour d'elle sa rude ceinture du Carst, chaîne de montagnes qui lui barre le chemin des provinces dont elle doit être le débouché maritime, de l'Autriche, dont elle est le premier port. Un chemin de fer doit ouvrir cette haute barrière, et le commerce de Trieste en suit avec une extrême impatience les travaux. Mais ce chemin de fer, qui est d'une si grande importance, qui doit relier le Danube à l'Adriatique, et par là l'Autriche à la Lombardie, se poursuit lentement. Il s'arrête à Glognitz, à trois heures de marche de Vienne, puis se déroule de l'autre côté de ces crêtes magnifiques qu'on appelle le Semmering, pour s'arrêter de nouveau à Laybach. On ne pense pas qu'il soit fini vers ces deux points difficiles avant quatre ou cinq années, et, pendant ce temps, l'impitoyable ville de Hambourg s'empare du commerce de la Styrie, de l'Autriche, de la Bohême, et répand ses marchandises jusqu'à Laybach, à la grande douleur des Triestains, qui la regardent faire et ne peuvent l'arrêter.

Ainsi disjointe de l'Allemagne par son Carst, enfermée dans son bassin circulaire, jusqu'à ce que la locomotive y ait ouvert une brèche, la ville de Trieste se rejette vers son port, d'où elle touche d'un côté à l'Italie septentrionale; de l'autre, à la Grèce, à la Russie méridionale, à l'Orient. Mais ce port même n'est ni très-sûr ni très-commode. C'est une rade ouverte de plusieurs côtés à la tempête; une rade où les grands bâtiments doivent se tenir au large pour être prêts à fuir quand du nord-est arrive le souffle impétueux de la bora. La bora et le sirocco, voilà deux vents auxquels je dirai de bon cœur adieu quand je m'éloignerai de ces parages. Par le sirocco, on se sent comme étouffé sous une chape de plomb; par la bora, on grelotte. Par le sirocco, l'étranger qui n'y prend garde est exposé à la fièvre cérébrale; par la bora, à la pleurésie. Il est des jours où les restaurants de Trieste sont déserts, où le cuisinier s'endort près de ses fourneaux, et les gens de service près de leurs tables délaissées ; c'est le sirocco qui comprime les facultés digestives et paralyse les fantaisies gastronomiques. Il est d'autres jours où ces mêmes restaurants sont également abandonnés : c'est la bora, qui souffle avec tant de violence qu'on n'ose sortir, de peur d'être emporté comme un brin de paille par cet ouragan. Pas une femme alors ne se hasarde hors de sa demeure, et la police fait tendre des cordes dans les rues, pour protéger ceux qui doivent absolument les traverser.

Quand on a subi quelques jours la fougue désordonnée de la bora, on se frotte les mains en se disant : Puissions-nous avoir bientôt le sirocco ! Et quand on a langui sous l'ardente chaleur du sirocco, on aspire à l'haleine glaciale de la bora. Quelle aimable alternative !

En dépit de son encaissement dans les rochers, des inconvénients de son port et de son climat, Trieste grandit par la puissance de sa navigation. L'étroit bassin qui lui est ouvert entre son cercle de montagnes et la mer n'étant plus assez large pour contenir son surcroît de population, cette population remonte sur les coteaux où fut bâtie la cité primitive, où s'élève encore la vieille cathédrale adossée à son vieux château. Elle jette çà et là de riantes habitations, et fait reverdir la surface grise des montagnes où elle construit ses terrasses, où elle amasse des couches de terre végétale dans ses jardins.

La ville se divise maintenant en trois parties distinctes : d'abord, la ville ancienne, aux maisons basses, aux pentes escarpées, aux rues étroites coupées par des escaliers. C'est en partie le quartier de la petite bourgeoisie, et en partie celui d'une malheureuse population. Quand on pénètre dans quelques-unes de ces ruelles, qui, de gradin en gradin, s'élèvent jusqu'à la cathédrale, on y voit des maisons hideuses, et des cafés sombres, et des salles de cabaret qui font frémir. Hélas! partout il faut que la misère humaine prenne sa place, qu'elle ait son gîte ténébreux, et déploie, comme pour nous rappeler sans cesse au sentiment de la charité, ses plaies physiques et morales, au milieu des riches qui lui doivent secours et protection.

Près de là, une autre ville agreste s'épanouit de côté et d'autre sous ses rameaux de verdure, en face de la mer, dans des sites pittoresques, et la vraie cité commerciale s'étale autour du port, en vastes rues et en magnifiques édifices. Dans l'ancienne ville, comme dans la nouvelle, toutes les rues sont entièrement pavées en larges dalles. C'est un luxe qui mérite d'être signalé; car je ne pense pas qu'on le retrouve nulle part ailleurs. Mais Trieste a dans les montagnes qui l'entourent de profondes carrières, d'où elle tire des pierres de maçonnerie excellentes, et une autre pierre, d'une teinte grise, que l'on polit comme le marbre. C'est ainsi que ses habitants ont pu aisément élever des maisons d'une dimension colossale, et couvrir leurs rues d'un pavé sans pareil.

Dans cette ville, qui, il y a un demi-siècle, ne renfermait pas plus de dix-sept mille âmes, s'entasse aujourd'hui une population de quatre-vingt mille individus, composée de tant d'éléments divers qu'il est impossible de lui assigner un caractère distinct. Autant de pavillons flottent dans sa rade aux jours de fêtes, autant Trieste peut compter de races de toute sorte établies dans son enceinte, ayant pignon sur rue et droit de cité; races du nord et du sud, de l'est et de l'ouest, Allemands, Italiens, Grecs, Juifs, Slaves, et des Anglais, et des Français, dont plusieurs se sont fait une honorable position[1]. Toutes ces races se joignent, se croisent, se mêlent dans la grande arène du commerce, sans abdiquer ni leur culte, ni leur langue. Chacune d'elles a son église, ses lieux de réunion assez distincts, ses cafés et ses casinos.

De cet assemblage, qui va toujours en augmentant, résulte, dans le mouvement journalier de la vie et dans la discussion des affaires, une pratique philologique dont je ne crois pas qu'on puisse trouver ailleurs un autre exemple. Dans les magasins, il n'est si petit commis qui ne sache au moins trois langues. Dans les ga-

1. L'un deux compte au nombre des plus riches négociants ; un autre siége parmi les directeurs du Lloyd.

leries vitrées du *Tergesteum*, à l'heure de la Bourse, on entend un murmure d'accentuations exotiques, un bourdonnement de dialectes à faire pâlir des légions de professeurs. Pour moi, qui ai employé vingt ans de ma vie à étudier les idiomes étrangers, chaque fois que je vais errer quelques instants sous ces voûtes de Babel, j'en reviens confondu, et quand je rentre dans ma demeure, j'éprouve une autre humiliation. Il y a là un homme qui parle à tout venant français, allemand, anglais, italien, hongrois, illyrien, polonais et même grec au besoin. Ce savoir lui a valu l'honneur d'être portier de mon hôtel.

Au fond, la langue générale de Trieste est l'italien. L'Autriche s'efforce d'y propager l'allemand, et il commence à y étendre ses racines; mais les habitants des campagnes répandent aussi dans la ville, où ils viennent sans cesse, l'usage des dialectes slaves, et les Français et les Anglais y maintiennent le leur.

La même variété qui éclate dans les idiomes, on la retrouve dans les costumes. Bien entendu que la haute classe de la société, ici comme partout, se soumet aux lois de cette reine de Paris qu'on appelle la Mode, qui, en dépit de toutes les révolutions, continue gaiement à trôner sur ses tabourets de fleuristes ou ses bancs de tailleurs, et par tous les chemins de fer, par tous les navires, envoie ses souveraines ordonnances du pôle sud au pôle nord, aux élégants salons des cités impériales, aux petites îles perdues dans l'immensité des océans. Mais le peuple, qu'elle n'a point encore soumis à son pouvoir, asservi à ses mobiles caprices, le peuple est curieux à voir dans son costume primitif, dans cet uniforme assemblage d'habits noirs et de robes à volants, calqués d'année en année, ou de mois en mois, sur le même modèle; et à Trieste, il y a plusieurs peuples également persistants dans leurs habitudes traditionnelles. Là, le peuple des matelots grecs avec leur petite veste ronde, leur large pantalon et leur bonnet rouge replié sur l'oreille; ici, le peuple des Arméniens, avec leur coiffure noire pareille à une toque d'avocat, leur long cafetan et leur ample ceinture; de tous côtés, le peuple illyrien, vêtu tel qu'il l'était il y a des siècles : les hommes, d'une veste ronde brodée sur les coutures, d'un gilet où étincelle une longue rangée de boutons en métal, d'un pantalon flottant qui ne descend que jusqu'au genou, et la tête couverte d'un haut bonnet en peau de loutre ou de renard, taillé de telle sorte qu'on dirait que le vent contre lequel il doit servir d'abri en a enlevé la moitié. Les femmes portent sur la poitrine un étroit corsage d'où sortent de larges manches de chemises brodées; sur les flancs, un jupon d'une couleur éclatante, et sur la tête un mouchoir en toile blanche, dont les pans dentelés retombent sur leurs épaules. Ceux-là sont encore dans la classe agricole, dans la classe industrielle, des espèces de patriciens; et le dimanche, quand on les voit se promener nonchalamment sur le Corso, ou s'asseoir aux tables des *trattorias*, avec leurs vêtements fraîchement sortis des mains d'un rustique tailleur, leurs colliers d'or et leurs anneaux d'or, on ne dirait pas qu'ils ont toute la semaine courbé la tête sous un rude labeur. Plus patriciennes encore sont les ouvrières établies dans la ville et formant une classe à part.

Celles-ci rejettent loin d'elles la coiffure en toile et le vêtement grossier qu'elles ont cependant pour la plupart porté jadis dans les campagnes d'où elles sont sorties. Elles se drapent dans de longs tartans, et, quelque temps qu'il fasse, marchent la tête nue. C'est leur luxe, et elles savent bien que nul autre ne leur serait aussi favorable, car elles sont belles en général, et elles ont des nattes de cheveux noirs d'une abondance et d'un éclat extraordinaires.

Mais voici les Zichi, race primitive si jamais il en fut, espèce de Bohémiens, ne vivant que de leur travail dans les forêts ou du fruit de leurs rapines. Ceux-là sont surtout remarquables. Que de fois je les ai suivis dans leurs lentes pérégrinations à travers les rues de Trieste! et si maintenant je n'essaye pas de les décrire, c'est qu'il faut que je leur consacre une notice à part.

Ce mélange de tant de populations différentes ne peut manquer de frapper les regards, d'attirer l'attention de l'étranger. Là est la face intéressante de Trieste, pour celui qui n'a dans cette ville ni marchandise à vendre, ni spéculation à essayer.

Ici, sauf la cathédrale, pas un monument à voir ; ici, nul art et nulle littérature, sauf la littérature des journaux répandus sur les tables des différents casinos fondés par les négociants, et souvent délaissés.

Il s'est trouvé cependant à Trieste un homme qui, pour maintenir le prisme d'or de la poésie au milieu même de la froide atmosphère commerciale, a consacré sa vie à faire une collection de toutes les éditions de Pétrarque, de tous ses portraits, et de ceux de Laure, depuis le temps où elle apparaît au poète :

> Nell' èta sua piu bella e piu fiorita,

jusqu'à celui où il pleurait dans ses sonnets, au souvenir de ce :

> Vago, dolce, caro, onesto sguardo.

Cet homme s'appelait Rossetti. Après avoir achevé son œuvre, l'œuvre d'un culte si fervent et de tant de jours de recherches, il l'a léguée à la bibliothèque, et il faut dire à la louange de cet établissement qu'il s'est fait un devoir de garder précieusement ce dépôt et de l'agrandir. Sa collection pétrarquienne se compose de sept cent trente-quatre ouvrages. Il lui manque encore, pour la compléter, deux ou trois livres rares, qu'il cherche avec une louable ardeur de tous côtés.

Hors de là, dans Trieste, plus de poésies écrites ; mais la poésie vivante de l'éternelle nature, que je vois, du haut de la terrasse de la cathédrale, se dérouler autour de moi sur la mer, et la plage, que je retrouve tarifée à la fenêtre de mon hôtel, un habile hôtel, qui fait entrer comme un beefsteak, le paysage dans ses comptes, et se plie avec une merveilleuse prestesse, malgré sa vaste carrure, à toutes les évolutions de la politique. Quand il fut fondé, il prit le noble nom d'hôtel Metternich. C'était le temps où cet homme d'État éminent gouvernait l'Autriche. La révolution de 1848 éclate ; le prince de Metternich se retire en Angleterre ; l'hôtel se hâte de changer son enseigne, et prend le titre de National. Naguère, ce nom de National étant quelque peu discrédité, ainsi que celui de Patriotique, par ceux qui en ont fait un si étrange abus, le brave hôtel l'abdiqua, et maintenant il s'appelle tout simplement hôtel de la Ville, ce qui ne peut, ce me semble, l'exposer à aucune fâcheuse interprétation. Dans sa magnifique construction et sa splendide apparence, il ne vaut guère mieux, après tout, que les hôtels de Pétersbourg ; mais ici, comme à Pétersbourg, l'étranger, pour peu qu'il apporte quelque lettre de recommandation, jouira de la plus parfaite hospitalité. Je souhaite à ceux de mes compatriotes qui viendraient par hasard jusque dans cette ville, d'être adressés à M. de Brucke, le directeur du Lloyd ; à M. Heiss, le plus aimable des banquiers ; à MM. Gobcevitch et Métikè, qui élèvent les spéculations de commerce jusqu'à la hauteur d'une poétique pensée, et de trouver au consulat de France M. Bresson, qui porte dignement un nom très-justement honoré dans la magistrature et la diplomatie.

VII

LE CARST. — VELDES

VII.

LE CARST. — VELDES.

Que faire dans un gîte à moins que l'on ne songe ?

Et La Fontaine parlait d'une retraite dans les bois.

Qu'aurait-il dit du gîte solitaire d'un pauvre étranger rêvant dans le murmure confus d'une cité commerciale ? Si jamais on eut le droit de songer, c'est bien en pareil cas. J'ai donc fait comme le lièvre du cher poëte, et un songe plus heureux que le sien m'a conduit à la réalité d'une agréable excursion.

L'Autriche a, dans le riche écrin de ses nombreux domaines, des trésors de paysages ignorés pour la plupart, ou à peine connus par quelques légers linéaments. Parmi ces paysages il en est un, à quelque vingtaine de lieues d'ici, qui est comme une perle enfermée à l'écart dans une boîte de sapin. C'est le vallon de Veldes. Je n'ai pas la prétention de l'avoir découvert, au delà des grandes routes, dans son ombre silencieuse. Non, je sais bien qu'au temps où nous vivons, nous ne découvrons plus guère que de surprenantes théories et de singulières conversions. Je note tout simplement ce vallon dans mon livre comme il l'est dans ma mémoire.

Quand on a passé quelque temps à errer dans les rues d'une ville, à travers les misères de ses pauvres, et les misères souvent plus grandes de ses riches, le paysage est comme une brise rafraîchissante après une journée de fatigue, comme une mélodie de Mozart après l'insipide clapotement d'un vulgaire entretien, comme une figure de Raphaël, ou une pieuse image des bons vieux maîtres d'Allemagne après quelques grotesques prétentions d'une vanité bourgeoise. Non, c'est plus que tout cela, c'est la nature même qui nous rappelle à elle, nous reçoit dans son sein, nous berce dans ses chants, nous ravive par son sourire, et des âpres sentiers où notre pensée se sentait défaillir nous ramène aux régions idéales.

Adieu donc, du moins pour quelques jours, à la mercantile cité de Trieste; je lui souhaite des rêves pleins de florins et de fructueuses spéculations. Je monte en voiture avec des compagnons qui dans une heure bénie m'ont été donnés par l'ange des voyageurs, et nous voilà gravissant au petit pas de nos deux chevaux de poste la route escarpée du Carst.

Du milieu de cette montagne, que cette ville est pourtant belle à voir avec ses hautes maisons, si carrément posées au bord de son golfe, son circuit de collines parsemées de jardins et de rustiques habitations, son port où flottent tant de banderolles, et sa rade où l'on voit au loin tourbillonner la fumée des bateaux à vapeur, et blanchir les voiles des navires. Près de nous s'élèvent encore çà et là quelques habitations appuyées sur une terrasse, égayées par un jardin, tournées du côté de la mer, qui est ici l'Orient de toutes les pensées, la Mecque de ce peuple d'armateurs et de matelots. Mais plus haut on ne trouve plus ni maisons, ni enclos, ni verdure; on n'a plus à côté de soi qu'un sol aride, dénudé, ravagé par le souffle dévastateur de la bora. Rien de plus uniforme à la première apparence que l'aspect de ces rochers qui, en certains endroits, s'élèvent au-dessus du golfe de Trieste comme une muraille perpendiculaire, et de là, par de longs embranchements, s'étendent sur les rives de l'Adriatique jusque dans le Montenegro. Mais elles présentent à leur surface de curieux accidents, et renferment dans leurs entrailles les plus intéressants phénomènes.

A sa surface, leur robe grise est mouchetée, tigrée de *dollinas*. Les dollinas sont des espaces de terrain affaissés, qui, par le fait de leur déclinaison plus ou moins marquée, se trouvant à l'abri, se couvrent de gazon ou d'arbustes au milieu d'une vaste stérilité. Il y en a de toutes sortes et de toutes dimensions, les unes se dessinant par une légère teinte d'émeraude, presque au niveau de leur cime calcaire; d'autres plus profondes et plus fertiles, celles-ci étroites, arrondies, brillant comme un œil ouvert dans son orbite sur le front pétrifié du Polyphème de la montagne, celles-là s'étendant au loin comme les tapis qu'on déroulerait pour un sultan sur le sable du désert. Il en est qui servent de pâturages à quelques agneaux ; il en est d'autres près desquelles le paysan vient bâtir sa demeure, sachant qu'il trouvera là de quoi nourrir ses bœufs et ses chevaux. Celles-ci m'ont rappelé les herbages de l'Islande, seul produit agricole de la pauvre île, verdoyant au milieu des champs de laves, et réjouissant à chaque printemps les regards de toute une famille. Quelques-unes de ces dollinas sont tellement enfoncées dans le sol qu'on ne peut y descendre. Elles apparaissent comme des corbeilles de fleurs qui surgiraient des bases de la terre pour tantaliser l'œil et la main de l'homme. Les oiseaux seuls y descendent et y nichent à l'abri de tout réseau perfide et de tout enfant cruel. Quelques autres sont percées comme des puits artésiens, et en se penchant au bord de leur cercle, si l'on ne craint pas le vertige, on peut voir à des centaines de pieds de profondeur l'eau qui les a creusées. Car tous ces affaissements de terrain, toutes ces dollinas sont le résultat de l'action d'une eau souterraine qui nuit et jour travaille, bondit entre les barrières qui s'opposent à son passage, ronge les rocs, mine la terre, et finalement ébranle et fait crouler sur plusieurs points les voûtes de la montagne.

Là sont ces phénomènes dont nous n'avons encore qu'une imparfaite idée : grottes immenses, pyramides de stalactites, galeries de diamants. A la lueur des flambeaux, on a pénétré sur un espace de plusieurs lieues dans les flancs du Carst, dans les grottes d'Adelsberg, de Planina, de Corniale ; mais on n'en sait pas toute l'étendue. C'est là qu'il y a encore une place pour un nouveau Cristophe Colomb ; c'est là qu'il reste à entreprendre un vrai voyage de découvertes, un voyage dans lequel on reconnaîtrait des lacs, des fleuves parfaitement ignorés, des îles sur lesquelles le plus savant des géographes n'a pas la plus légère notion, des animaux que nul naturaliste n'a encore décrits, des effets de température dont il n'a été rendu compte à aucune académie, et des régions merveilleuses qui ne peuvent être habitées que par des fées. J'imagine aussi que quelque Daniel de Foë pourrait mettre là, dans une étonnante série d'aventures, un nouveau Robinson.

Il est certain que plusieurs de ces grottes, éloignées l'une de l'autre, se rejoignent par de longs conduits. Qui sait si elles ne se rejoignent pas toutes, comme les passages ouverts dans le roc de Gibraltar par les Anglais? Qui sait si, par suite d'un travail incessant des eaux et de leur perpétuelle infiltration, la cime entière du Carst n'est pas à présent comme une voûte d'église, déjà quelque peu crevassée, mais supportée encore par une innombrable quantité de pilastres, et cachant sous ses ailes immenses un labyrinthe inextricable de nefs et de cryptes ténébreuses?

Une tradition croate rapporte qu'un chien dont on voulait se défaire ayant été jeté dans une des dollinas béantes du pays, se releva de sa chute, et se mettant bravement en marche, reparut au jour bien loin de sa première niche, à l'ouverture d'une des cavernes de la Dalmatie. Quel dommage que ce chien n'ait pas eu, comme ceux de Cervantes, le don de la parole et le talent de la narration! il eut pu raconter à ceux qui le recueillirent un étonnant voyage.

D'un grand nombre de ces grottes jaillissent des cascades dont on ne voit pas la source. Quelques-unes, comme la Sawe, deviennent des rivières considérables; d'autres, après s'être épanchées au sein d'une vallée, rentrent tout à coup dans les entrailles du sol, comme si elles s'ennuyaient de leur voyage dans notre monde trop bruyant, comme si la nostalgie les ramenait sous le dôme de leur silencieux empire. On m'a cité un ruisseau qui, s'échappant des flancs d'un roc, comme un enfant étourdi qui déserte la maison paternelle, se repent aussitôt de sa fuite, et, à quarante pas de distance, se précipite dans une crevasse d'où on ne le voit plus revenir. Ce Petit Poucet de ruisseau n'a pas pu accomplir sa courte escapade sans être pris au piége de l'industrie. Il s'est trouvé un homme habile qui est venu là le saisir au passage, et dans ce saut de quarante pieds l'oblige à tourner la roue d'un moulin.

Le Tasse a, dans ses vers, célébré un autre

phénomène de cette contrée, le phénomène du lac de Pirknitz ou de Lugée (*Lacus Lugueus*), qui, chaque année, en automne, ouvre ses flots au pêcheur, et au printemps rend son lit desséché à la charrue du laboureur.

>A la palude Lugea, onde si vanta
>La nobil Carnia, lunga eta vetusta
>Non ha scemato ancor l'onore e'l grido
>Quisi si pesca prima, e poi ch'e fatta
>Secca ed asciuta, in lei si sparge, il seme
>E si raccoglie, e tra le verdi piante
>Prende gl' incanti uccelli
>E in tal guiso divino ch' in vari tempi
>L'istessa sia palude, e campo, e selva.

« De l'étang de Lugée, dont se vante la noble Carniole, de longs âges n'ont point affaibli le bruit ni la renommée. Là d'abord on pêche, puis le sol s'étant desséché, essuyé, on y sème le grain, on y fait la récolte. A travers les vertes plantes, on y prend les oiseaux charmants. Ainsi, en diverses saisons, le Lugée est un lac, un champ, une forêt. »

Si des rêves multiples, où nous entraîne la conception des abîmes creusés dans ces montagnes, nous reportons notre attention sur la route que nous suivons, à nos regards apparaît un tableau assez original, un tableau qui, par sa nature sauvage, animerait la verve d'un Salvator Rosa, et par les figures qui y apparaissent, l'humeur d'un Callot.

Depuis que le chemin de fer de Vienne arrive, sauf l'intervalle du Semmering jusqu'à Laybach, une nouvelle industrie a pris possession de cette route. Autrefois d'énormes voitures, traînées par plusieurs couples de vigoureux étalons, faisaient le service du commerce de Trieste en Autriche. Maintenant que la locomotive leur a enlevé plus des trois quarts de leur ligne d'exploitation, les anciens entrepreneurs de ces roulages ont renoncé à leurs entreprises, et le chemin de Laybach à l'Adriatique a été abandonné aux paysans du Carst, qui s'en sont emparés avec joie. C'est pour eux un gain tout nouveau et longtemps inespéré, une récolte de florins assurée dans les ornières de sable, à côté de la moisson précaire de leurs champs labourés. Et cette récolte, ils la cherchent, ils la recueillent avec courage et patience, mais de la façon la plus humble. Ils n'ont que de petites charrettes et de faibles attelages; ceux-ci de maigres chevaux, ceux-là des bœufs, et l'on en voit qui, n'ayant dans leur écurie qu'un âne et une vache, lient, en dépit de la loi de Moïse[1], ces deux pauvres bêtes disparates au même timon, et les obligent à fraterniser dans le même labeur, en vue du même râtelier. C'est ainsi que l'on transporte par petits ballots la cargaison exotique que les provinces autrichiennes demandent au golfe de Trieste, et les précieuses denrées industrielles que l'Allemagne expédie à Trieste.

Parfois c'est un robuste jeune homme à la taille élancée, au jarret ferme, qui dirige ces convois; souvent ils sont remis à la garde d'une femme ou d'un enfant. Quel que soit, du reste, l'appât des *kreuzer* qu'ils gagnent à ce travail, les paysans de ce district ne veulent conduire leur charrette que de leur village au village voisin. Avant tout, ils doivent avoir des égards pour leurs animaux, ces chers auxiliaires de leur pauvreté. Leur cheval a besoin de ménage-

---

1. « Tu ne laboureras point avec un âne et un bœuf attelés ensemble. » (*Deutéronome*, chap. XXII.)

ments, leur vache ne peut rester longtemps à l'étable. Peut-être qu'à son retour au logis, la bonne bête donnera encore quelque peu de lait pour le souper du soir. Ils s'arrêtent donc à la première station; ceux qui les remplacent là agissent de même, et, de station en station, toutes les marchandises sont déballées et mises sur une autre voiture. Qui croirait qu'en pleine Europe, entre la capitale d'un vaste empire et un port considérable, il existe encore un tel mode de transport? Mais ce n'est qu'un état de choses provisoire. Dans quelques années, les arcades du chemin de fer seront construites, ses tunnels seront creusés, et ceux qui alors franchiront avec une longue suite de wagons la crête du Carst et le roches du Semmering souriront de pitié en songeant au temps où elles étaient si lentement parcourues par les petites charrettes. Quelqu'un pensera-t-il que cette nouvelle œuvre enlève tout d'un coup, par la suppression du roulage, dans cet aride district, un moyen d'existence à des milliers de familles? Non, la spéculation commerciale n'a point de tels soucis. *Go a head.* Chacun pour soi, et, s'il se peut, l'argent pour tous. C'est la devise des habiles.

Au village de Prawald finit la grise, nue surface du Carst où l'on compte les cercles de verdure, disséminés çà et là comme des groupes de palmiers dans les plaines de sable de l'Afrique. De là, on descend dans les prairies couvertes de verdure, parsemées d'arbres à fruits et de villages, souriant au voyageur après l'âpre sentier de la montagne, comme un de ces jours qu'il faut marquer d'une pierre blanche, où le cœur se reprend à la vie, se dilate dans son espoir, après les heures sombres où il se sentait trembler dans ses sollicitudes, ou mourir dans son ennui.

De vallon en vallon, de village en village, en promenant gaiement nos regards de tout côté, nous arrivons à la vieille chevaleresque cité de Laybach, qui, je le dis à sa louange, a elle-même l'aspect d'un grand village, par sa double ceinture de maisons qui se mirent si complaisamment dans les flots de sa rivière, par les campagnes qui l'entourent. Il y a bien là un hôtel de ville qui a toutes sortes de graves prétentions, mais, dès le matin, la place qu'il domine n'est remplie que d'une foule de paysans et de paysannes qui inondent le pavé des légumes de leur jardin, des produits de leur basse-cour. Il y a là aussi un château qui, de ses remparts, couvre tout le mamelon d'une colline. Mais il a l'air si débonnaire qu'il n'éveille aucune idée de combat, et ceux qui ont pénétré dans son enceinte ne se souviennent que de la joie qu'ils ont éprouvée à voir de là se dérouler devant eux le vaste panorama au-dessus duquel cette pacifique forteresse s'élève comme un attrayant observatoire.

Les bois, les champs, les collines ondulantes, les frais vallons arrosés par des eaux limpides, voilà les points de vue qui, de toutes parts, s'ouvrent autour de Laybach; de nombreuses églises, décorées de statues en marbre, de tableaux, et d'une profusion de dorures, voilà son luxe. Heureux les peuples dont on ne parle pas! Heureuses les villes qui s'enorgueillissent des beautés de leur nature et de la splendeur de leurs églises. Les monuments de la suprématie humaine s'écroulent, la nature reste, et l'église est en tout temps un bon refuge.

Laybach a cependant eu aussi dans les derniers temps ses agitations guerrières et ses vanités mondaines. Elle a été, en 1809, conquise par les Français, à qui le temps a seulement manqué pour en faire une importante cité ; elle a vu, en 1821, resplendir dans ses murs un congrès de diplomates, une assemblée de rois, mais l'aigle française a reployé ses ailes, les rois s'en sont allés, et Laybach est rentrée dans la paisible satisfaction de son humble fortune et de son petit négoce. Elle avait, à l'époque de notre entrée en Carniole, quatorze mille habitants. Elle en compte aujourd'hui dix-sept mille. Si les superbes villes d'Amérique dont la population se triple en quelques années s'estiment plus heureuses que celle-ci, grand bien leur en fasse ! Chacun se fait une image du bonheur à sa guise. Pour moi je préfère celui de Laybach.

Cette ville peut être considérée comme la limite méridionale de la langue allemande. L'ancien duché de Carniole, dont elle est le chef-lieu, est presque entièrement occupé par une tribu slave qui, des régions de l'Asie centrale, pénétra en Europe, on ne sait à quelle époque. Ce qu'on sait seulement, c'est qu'elle s'est établie dans cette contrée dès le vi[e] siècle. Ce qu'elle était au temps de sa lointaine émigration, nulle chronique certaine ne nous le dit ; mais aujourd'hui personne ne peut la voir sans être frappé de sa force et de sa beauté. Les femmes, remarquables en général par leur taille élancée, par la prestesse de leurs mouvements, par la fraîcheur et la régularité de leur visage, portent à peu près le même costume que celles des environs de Trieste : le jupon de laine orné d'une éclatante bordure, l'étroit corset d'où sortent de larges manches de chemises, et sur la tête le mouchoir en toile, la *petscha*, d'une blancheur de neige. Évidemment cette coiffure est pour elles l'objet d'une attention particulière. Leurs souliers peuvent être en mauvais état, leurs vêtements éraillés, mais leur petscha sera toujours parfaitement lissée, nouée et sans tache. On dirait qu'à cette sorte de voile, elles attachent un soin superstitieux. Peut-être que sa netteté doit être considérée comme le signe visible de leur esprit d'ordre et peut-être de leur vertu domestique.

Les hommes portent, comme l'illustre Bas de Cuir des romans de Cooper, de longues bottes molles qui montent jusqu'au-dessus du genou et de légères jaquettes.

Leurs maisons, très-simplement construites, se composent ordinairement d'une cuisine et d'une chambre où s'élève un énorme poêle en terre cuite pareil à ceux des moujiks russes. Les plus riches ont ce poêle en faïence criblé d'une quantité de compartiments pour y faire cuire en hiver leurs pommes. Au-dessus de cette pièce, où est le lit des maîtres, est une espèce de grenier qui sert de dortoir aux enfants et aux domestiques. Ce qu'il y a de singulier dans ces habitations rustiques, ce sont leurs fenêtres, toutes si petites, qu'à peine peut-on y passer la tête, et toutes garnies à l'extérieur d'une forte grille en fer.

A voir cheminer ces hommes, la tête haute, le corps droit, les jambes couvertes dès le matin de leurs longues bottes, on dirait autant de miliciens qui, à chaque instant, doivent se tenir prêts à monter à cheval.

A voir ces étroites fenêtres pareilles à des guichets et si solidement fermés, on se croirait dans un pays exposé sans cesse aux attaques des voleurs. Il n'en est rien pourtant. Les habitants de la Carniole donnent fort peu de besogne aux tribunaux. Si on leur demande pourquoi ils appliquent aux vitres de leurs demeures un tel réseau de fer, c'est, disent-ils, un ancien usage. Je pense que cet usage, dont la population actuelle ne se rend plus compte, doit remonter au temps où ce pays était en guerre avec les Turcs, et perpétuellement menacé par leurs invasions.

Les guerres du croissant sont finies. Les fils de Mahomet ne songent plus à de nouvelles conquêtes, trop heureux s'ils peuvent garder celles qui leur restent, et les paysans de la Carniole, avec leur aspect guerrier, sont d'une nature essentiellement paisible, honnêtes laboureurs, fervents catholiques. Au XVIe siècle, il apparut dans cette contrée un sectateur de Luther qui prêcha la réforme et fit des prosélytes. Mais son œuvre sans racines a disparu sans laisser de trace. S'il y a encore, ce que je ne crois pas, quelques protestants dans ces campagnes, ils doivent s'y trouver fort mal à l'aise au milieu d'une population si entièrement dévouée au dogme apostolique. Là, chaque village, chaque hameau a son église visitée pieusement dans la semaine, remplie le dimanche, et dans la vallée qui s'étend de Laybach à Krainburg, de tous côtés apparaissent sur la cime des coteaux, sur les pointes des rocs, des chapelles où l'on fait de fréquents pèlerinages. Dans un circuit d'environ deux lieues, nous en avons compté douze.

Cette vallée, Humphry Davy la proclamait la plus belle de l'Europe. L'éloge est un peu outré. Pour qu'il ait été sincèrement prononcé, il faudrait supposer que le célèbre savant n'a pas vu les admirables vallées de la Suisse, de la Franche-Comté et du Dauphiné. Mais celle-ci est d'une beauté vraiment remarquable; elle se déploie comme une vaste arène, entre une double rangée de collines qui s'élèvent en amphithéâtre de chaque côté de ses verts sillons, et de chaque côté touchent à une chaîne de montagnes dont les cimes bleuâtres cerclent l'horizon. Là, ce qui surprend surtout le regard, c'est la variété de la disposition des collines, les unes ondulant comme les flots d'une mer houleuse, d'autres coupées à angles aigus, et dentelées comme une scie ; celles-ci descendant par une pente gracieuse dans les plaines, comme pour offrir leurs plantes et leurs bois à la demeure du paysan ; celles-là s'élevant d'un jet hardi dans les airs, comme si elles voulaient porter plus haut que toutes les autres, la flèche brillante, la chapelle vénérée qui couronne leur front. De toutes parts des massifs de verdure disséminés sur les rocs, dans les ravins, comme dans l'ingénieux dessin d'un parc anglais ; de toutes parts les frais et majestueux sapins, le plus bel arbre de la création avec le palmier, et de jolies maisons blanches à demi noyées sous le feuillage ; çà et là, plusieurs riants villages et deux petites villes, Krainburg, Radmansdorf, d'une physionomie si calme, si reposée, qu'elles semblent placées dans une autre hémisphère, en dehors de nos révolutions. Le fait est qu'elles ne sont guère troublées que par les orages de la nature moins affligeants que ceux du monde. Le voisinage de leurs montagnes les condamne à de longs et froids hivers, et près d'elles est la Sawe qui leur donne de graves soucis. Cette rivière est bien l'une des rivières les plus mal élevées, les plus fantasques et les plus désordonnées qu'il soit possible de rencontrer dans le monde des rivières. Elle sort déjà forte et puissante du milieu d'un roc escarpé, et l'on dirait que, chassée malgré elle de sa grotte ténébreuse, elle voyage en colère, et se venge tant qu'elle peut de son exil.

En remontant son cours jusque près de sa source, on arrive, non point par un vallon, mais par une longue gorge étroite entre deux murailles de rocs fendues comme par un coup de hache, à une petite population de paysans dont la position m'a vraiment rappelé celle des habitants de Hammerfest; derrière eux, à l'extrémité de leur péninsule, ceux-ci n'ont plus que la froide mer du Nord, la mer glaciale; derrière eux, ceux de Feistritz n'ont qu'un circuit de remparts éternels, de montagnes infranchissables au-dessus desquelles s'élèvent les trois têtes blanches du Terglow, le Chimboraço de cette contrée. Ils ne communiquent avec le reste du monde que par Veldes. Mais, pour se rendre à Veldes, il faut traverser et retraverser plusieurs fois la Sawe pour suivre l'âpre et étroit sentier péniblement tracé tantôt sur l'une, tantôt sur l'autre de ses rives.

On n'a pas eu le moyen de bâtir sur cette méchante rivière des ponts en maçonnerie. Tout ce que peuvent faire les pauvres gens de cette contrée, c'est d'abattre des pieds de sapins, de les enfoncer de leur mieux en pente verticale dans le lit du torrent, d'y poser quelques planches, et là-dessus, ils passent à la garde de Dieu avec leurs bestiaux et leurs charrettes. Et c'est ainsi que nous avons passé. Quelquefois cette rustique construction dure assez longtemps, et ceux qui l'ont élevée s'applaudissent de leur œuvre, et l'on commence à s'imaginer qu'on a enfin trouvé le moyen de dompter la turbulente Sawe. Mais un beau jour voilà que la fougueuse rivière se remet en colère, s'enfle, bondit, et de ses flots emportés sape, ébranle, renverse ses ponts qui l'ennuient. C'est toute une œuvre à recommencer, et avant qu'elle soit au moins en partie achevée, les habitants de Feistritz, de Wochein, et d'un autre village voisin, environ quatre mille individus, sont complétement séquestrés dans le bassin de leurs montagnes. « L'an passé, me disait le prêtre de Feistritz, nous sommes restés ici près de deux mois sans avoir le moindre rapport au dehors. Pendant ce temps, l'Europe aurait été bouleversée de fond en comble que nous n'en aurions rien su. Nous ne pouvions recevoir ni lettres, ni journaux. Nous tirons de Veldes toutes nos provisions, et la route de Veldes était infranchissable. Heureusement, ajoutait-il en riant, que nous avions des pommes de terre. »

Ces jours de désordre de la Sawe forment déjà une longue chronique, une chronique gravée en *ex-voto*, inscrite au bord des chemins sur des croix que de pieuses mains élèvent à la mémoire de ceux qui ont péri dans ces débordements.

Le village de Veldes, providence de Wochein et de Feistritz, est encore sur une de ses routes exposé à ces fureurs du torrent. En y allant de

Radmannsdorf, nous avons dû traverser un pont renversé l'hiver dernier, et si peu reconstruit qu'il a fallu dételer nos chevaux, les prendre par la bride, et traîner nous-mêmes notre voiture sur les planches vacillantes. Mais c'est là une difficulté accidentelle qui ne doit arrêter personne dans la perspective de ce charmant Veldes.

Figurez-vous un petit lac arrondi, d'une eau limpide et bleue comme un ciel d'été, enchâssé comme un diamant dans un cercle d'émail vert. Derrière la fraîche pelouse qui forme sa plage, on voit un amas de petites collines dispersées de côté et d'autre comme les dolmen dans les plaines de Bretagne, ou les blocs erratiques dans les provinces méridionales de la Suède.

Au-dessus de ces collines ombragées par des rameaux de sapins, s'élève un rocher perpendiculaire couronné par un vieux château; au milieu du lac est une île pareille à une corbeille de fleurs et de verdure, d'où s'échappent la pointe d'un clocher, le toit d'un presbytère. Sans aucun doute, il y a dans l'infini panorama du globe une quantité de points de vue plus grandioses et plus imposants. Pour moi, qui depuis vingt ans ai fort erré vers les quatre points cardinaux, je ne pourrais pas en citer un plus complet dans son ensemble, plus charmant dans ses détails. J'imagine que le bon Dieu, ce sublime artiste, a lui-même composé ce paysage pour donner une leçon aux académies de peinture, et je pense que parfois il doit se plaire à regarder ce tableau dans le rayon de soleil qui colore les murs du vieux château et étincelle sur l'azur du lac.

On monte au château par un sentier bordé de chênes et de châtaigniers. On passe par une poterne qui n'a ni canons, ni sentinelles; on arrive à une maison entourée, comme un châlet suisse, d'un balcon en bois, et là, tandis qu'on cherche quelque individu qui ressemble à un concierge, on voit apparaître, comme une fée des ballades allemandes, une blonde jeune fille qui vous montre elle-même sa demeure aérienne, vous promène complaisamment sur ses balustrades, puis vous invite à entrer dans le salon, où sa bibliothèque est ouverte, où son piano vibre encore de la romance qu'elle vient de chanter. C'est la fille de l'intendant épiscopal. Car ce château, avec ses fermes éparses dans la vallée, et un espace de huit lieues carrées de forêts, appartient au diocèse tyrolien de Brixen, par une pieuse dotation de Henri II, par un acte qui date de neuf siècles !

L'incroyable révolution qui a traversé l'Autriche en 1848 n'a pas eu le temps, dans son orageux passage, d'abolir ces saintes fondations du moyen âge, heureusement pour les laboureurs des environs de Veldes, qui sont fort satisfaits de vivre dans la dépendance de leur évêque et n'aspirent nullement à un autre régime.

En face du château est une auberge fort bien gouvernée, devant laquelle stationnent des barques qu'à toute heure on peut prendre pour se promener sur le lac et visiter la petite île. Pour quelques kreuzers, une brave femme se saisit gaiement de ses rames et s'empresse de vous conduire là. Elle ne se réjouit pas seulement de gagner ses kreuzers, mais d'avoir une occasion de plus d'entrer dans la chapelle. Vous saurez qu'il y a dans cette chapelle une vertu merveilleuse, une cloche dont la corde pend sur la nef. Lorsqu'on tire cette corde en formant un vœu, il s'en va tout droit avec les sons de l'airain jusqu'au ciel, jusqu'à l'oreille de la Vierge, et il est exaucé. La première chose que ma batelière a faite en entrant dans l'église, a été de courir à la corde miraculeuse; puis moi j'ai fait comme elle. Qui de nous, hélas! n'a toujours quelque vœu à former? Nous passons notre temps à regretter et à désirer, heureux encore quand nos désirs sont tels que nous puissions les élever jusqu'à Dieu!

Près de la chapelle est la demeure du prêtre, un bon vieux prêtre, qui compte autour de son île environ deux cents paroissiens. Dans la douce quiétude de sa retraite, sa vie se déroule page par page, comme les feuilles d'un poëme idyllique que l'on veut lire lentement, à tête reposée, dont on veut savourer chaque strophe riante, en pressentant sa fin mélancolique.

Dans la semaine souvent il ne voit personne;

mais le dimanche, les paysans de sa paroisse et ceux des environs viennent s'agenouiller dans sa chapelle et sonner la cloche, à laquelle ils confient leurs vœux. Puis, cette œuvre pieuse accomplie, une partie d'entre eux se réunit dans l'auberge de Veldes pour finir gaiement la journée. Ils s'assoient fraternellement à une même table, et, lorsque l'avenante maîtresse du logis leur a versé quelques verres de son meilleur vin de *weidling*, ils entonnent en chœur, d'une voix sonore et harmonieuse, les chants populaires de leur tribu slave, chants de guerre du temps où leurs pères s'armaient contre les Turcs, chants d'amour de tous les temps, puis des chants graves, religieux, qu'on ne s'attendrait pas à entendre résonner dans un cabaret.

En voici un dont j'ai plus d'une fois suivi avec une sorte de recueillement la touchante mélodie, et que j'essaye de reproduire comme un trait de mœurs de cette honnête population, comme une naïve réminiscence d'un des plus admirables poëmes de Schiller :

Quand l'aurore renaît avec sa robe blanche,
La cloche dans les airs chante son chant pieux.

Sonnez, cloches du temple, annoncez le dimanche,
Sonnez pour le vieillard et pour l'enfant joyeux.

Que celui-là qui veut que sa maison prospère
Travaille et se prosterne au pied du saint autel !
Sonnez, cloches du temple, annoncez la prière.
Qu'importe le travail sans la grâce du ciel ?

Si las de son labeur, sur la terre il se penche,
Voici le samedi qui revient l'égayer.
Sonnez, cloches du temple. Au matin du dimanche
Le Seigneur se souvient de l'honnête ouvrier.

Si, malgré nous, parfois notre force chancelle,
Bientôt tout est fini, bientôt on doit mourir.
Sonnez, cloches du temple, à l'heure solennelle.
L'âme du fils d'Adam a cessé de souffrir.

Cette année, on a commencé à faire à Veldes un établissement de bains sur une source minérale à laquelle on attribue une puissante efficacité. Si elle doit, comme l'annonce un long programme médical, être un remède assuré pour un grand nombre d'infirmités physiques, je ne puis l'affirmer. Mais ce qui me paraît très-croyable, c'est que les pauvres êtres atteints d'une des noires maladies de l'imagination peuvent aisément, dans le calme de ces lieux, dans l'arôme et la lumière de ces champs, recouvrer la santé de l'âme. Ce dont je suis convaincu, c'est que l'on doit en venir ici à abdiquer peu à peu toute agitation turbulente de l'esprit, pour ne garder que ce qui est doux au cœur de l'homme, pour dire avec Pétrarque :

> Ogni altra cosa, ogni pensier va fore
> E sol ivi con voi rimansi amore.

VIII

LES ZICHI

VIII.

LES ZICHI.

Si jamais vous venez à Trieste, j'espère que vous pourrez vous y abandonner aux indolents caprices de cette rêveuse oisiveté qu'on appelle flânerie, qui est pour les Parisiens ce qu'est le *far niente* pour le paresseux enfant de Naples, et le *kieff* pour les Orientaux. En errant à travers cette métropole commerciale de l'Adriatique, vous ne tarderez pas à voir apparaître, dans la mosaïque de tant de races diverses dont se compose sa population, des individus, qui par leur vêtement et leur physionomie ne peuvent manquer d'attirer votre attention. Parfois ils cheminent isolément dans les rues. Le plus souvent ils s'avancent par petits groupes composés d'un homme, d'une femme, d'un enfant et d'un cheval. Le cheval a l'air d'être apparenté à la famille, et il n'en est pas toujours la plus mauvaise part. L'homme s'en va à pas lents, tirant par son licol le quadrupède chargé de quelques sacs de charbon ; la femme vient ensuite, portant sur ses épaules tout ce qui n'a pu être mis sur le dos du cheval ; puis vient l'enfant, qui ne porte rien si c'est un garçon, mais qui a certainement son fardeau si c'est une fille. L'homme est en général grand, robuste et assez complétement vêtu. Il a un chapeau noir à larges bords, une large veste brune, un pantalon en laine blanche collant sur ses jambes comme un maillot, puis une chaussure qui ne gêne pas ses mouvements et ne l'entraîne à aucune dépense de vernis : c'est tout simplement une semelle taillée dans une peau de bœuf, et reliée sur le pied par des courroies, le cothurne antique dans sa forme la plus vulgaire et la plus primitive. La femme n'a qu'une chemise en toile grossière, et, sur cette chemise, une sorte de redingote en laine brune qui ne descend pas plus bas que le genou, qui n'a ni agrafes, ni boutons, et ne se ferme sur la poitrine que par une courroie. Des bas en laine, des souliers comme ceux de son noble époux, complètent ce costume dont je n'ose dire les accidents ; ni corset, bien entendu, ni jupon, ni châle, pas le moindre fichu, ni le plus léger ruban. C'est le vêtement humain réduit à sa plus extrême simplicité. Quant à la coiffure, la bonne nature y a pourvu elle-même, en faisant pousser sur la tête de ces femmes une masse de cheveux noirs qu'elles tortillent comme des étoupes. L'enfant est habillé à l'avenant de la défroque du père et de la mère.

Ces gens viennent de dix et douze lieues de distance vendre à Trieste le charbon qu'ils ont fait dans leurs forêts. Le marché fini, l'homme, en vertu de ses priviléges, entre dans quelque affreuse *kneippe*, se fait apporter une ample mesure de vin, et dépense galamment une partie de l'argent qu'il a reçu. La femme, assise sur une borne, mange un morceau de pain avec un peu de fromage de chèvre qu'elle a apporté de sa cabane, puis on se remet en route. S'il a fallu acheter quelques ustensiles de ménage ou quelques provisions, la femme les prend sur ses épaules, et trottine de son mieux derrière son souverain maître, qui, dans sa dignité, ne peut pas se courber sous un tel fardeau.

En les regardant passer dans les rues, ces familles ambulantes, en les suivant avec une irrésistible curiosité, de la place du marché jusqu'à la porte des tavernes, j'ai cru voir d'abord autant de figures bohémiennes; mais elles n'ont rien de commun avec cette étrange race qu'on trouve sous différents noms disséminée dans le monde entier. Elles appartiennent à une tribu de Valaques, établie sur le Carst, et on les désigne par le nom de Zichi.

D'où vient ce nom intraduisible? Comment la petite peuplade à laquelle il a été appliqué est-elle venue des plathes de sable de la Valachie se fixer sur la cime rocailleuse du Carst? Par quelle raison, et à quelle époque a-t-elle fait cette émigration? Quand je me suis mis à demander ces renseignements, j'ai vu tous ceux à qui je m'adressais, l'oreille et le regard surpris, comme si je leur demandais ce qui se passe dans les régions de la lune. Les actifs habitants de Trieste ont trop à faire sur leur port et dans leurs comptoirs pour se préoccuper de telles investigations. Les Zichi leur fournissent du charbon; voilà le fait. Que ce charbon ne soit pas trop cher et pas trop mauvais, voilà le point essentiel. Quant au reste, pourquoi y songer?

Le reste ne vaut pas l'honneur d'être nommé.

La cité commerciale suit en chaque contrée la droite ligne de son esprit mathématique. Recherches de géographie, d'ethnographie, de physiologie, tout doit se résoudre pour elle en une raison pratique, en un point précis de spéculation. Chaque pays se présente à elle par un produit spécial, comme Strasbourg au palais des gastronomes par ses pâtés de foie gras, et les montagnes du Mâconnais par leurs vins. Chaque peuplade se note dans sa mémoire et dans ses registres par un chiffre.

Pour moi, j'étais, dans cette ville additionnante et multipliante, occupé des Zichi comme la Fontaine de Baruch. — Avez-vous lu Baruch? disait le charmant poëte. — Connaissez-vous les Zichi? disais-je à tout venant. J'ai dû paraître fort singulier à plusieurs magnifiques sociétaires du Lloyd, qui, pendant que je leur adressais une si oiseuse question, pensaient peut-être à leurs navires voguant au loin, ou à leur nouvelle ligne de bateaux à vapeur. Cependant, avec leurs habitudes d'obligeance et d'urbanité, ils s'efforçaient de me donner quelques notions sur les Zichi. Mais comme, après tout, la montagne de ces charbonniers ne pouvait venir à moi, j'ai fini, ainsi que le sage Mahomet, par aller à la montagne. Et, ma foi, puisque j'en trouve l'occasion, je puis bien dire qu'en me déterminant à cette excursion, je posais d'une façon assez brave aux yeux de beaucoup de gens. — N'allez pas là, me disait-on, c'est un pays perdu, où vous n'éprouverez que les plus misérables souffrances. — N'allez pas là, me disait avec une affectueuse commisération un de mes compatriotes qui est un des lettrés de Trieste; ces Zichi, c'est une race de vagabonds, de voleurs et de meurtriers. Si peu qu'ils voient briller sur vous un brin d'or, un bouton de métal, ils vous tueront sans miséricorde pour vous dépouiller plus à leur aise.

Je me sentais, je l'avoue, quelque peu fier de persister dans ma résolution, au milieu de ces charitables avertissements, lorsqu'un vrai savant qui connaît son Trieste et son Istrie, comme nous connaissons les derniers angles de notre chambre, m'a fait, sans ménagement, tomber du haut de ma vaniteuse idée de courage, au point de vue plus modeste de ma réelle situation. — Allez, m'a-t-il dit. Il est bien vrai qu'autrefois les Zichi ont été fort pillards, voire même assassins. Mais vous avez eu un maréchal de France, Marmont, qui ne plaisantait pas. Marmont, gouverneur des provinces illyriennes, voulait qu'on pût circuler sans crainte, de nuit comme de jour, par toutes les routes et par tous les sentiers du pays confié à son autorité. Pour établir cette sécurité, il a fait pendre beaucoup de Zichi, et non-seulement il les faisait pendre, mais il ordonnait que les cadavres des suppliciés restassent exposés en plein air pour servir d'épouvantail à ceux qui seraient tentés de commettre les mêmes délits. Cette façon expéditive de juger et de punir a imprimé à la tribu des Zichi une terreur qui est devenue une leçon de moralité pour la génération actuelle.

A chaque mot de ce récit, dont j'abrége les détails, je voyais s'écrouler pièce à pièce l'échafaudage d'une jolie petite série de scènes mouvantes que je me plaisais d'avance à raconter. A leur place s'élevait une noble idée patriotique, l'idée qu'à un demi-siècle de distance j'allais, sur cette montagne si éloignée de la butte Montmartre, reconnaître encore l'énergie active de la France; que sur mon excursion s'étendait, comme une sauvegarde, l'ombre de ce soldat mort en exil, l'ombre imposante de Marmont. Si, malgré cette satisfaction de sentiment national, je me surprends encore à regretter les Zichi tels que je les avais drapés dans mon imaginative et dessinés dans mon héroïsme, que faire ? Il faut bien se résigner à cette pénurie d'incidents pathétiques. Les actes réels du drame des forêts deviennent rares par ce temps de gendarmerie modèle. Les *Fra Diavolo* de terrible mémoire, chassés de leurs repaires, se retirent sur les planches du théâtre, dans un tourbillon de notes musicales, et, s'il faut en croire les délicieuses histoires de Méry, l'Anglais qui passe par Terracine doit envoyer en embuscade sur son chemin, ses valets déguisés en brigands, pour se donner l'émotion d'une attaque de voleurs.

Les choses en étant venues, en Autriche comme en Italie, à ce détestable point de prosaïsme, au lieu de me munir d'un grand sabre et d'une paire de pistolets pour entrer dans la Zicherie, je suis parti le plus bourgeoisement du monde par la diligence de Fiume, avec ma canne, mon parapluie et un compagnon de voyage, que le bon, aimable docteur Kandler m'avait donné, non pour me servir de soutien dans un trajet sans péril, mais pour me guider dans d'âpres sentiers.

A huit heures du soir, nous commencions à gravir le Carst; à une heure du matin, nous avions atteint une de ses sommités, et nous couchions à Castelnuovo, au pied de la colline où s'élevait jadis le château de Montécuculli. Bastions et remparts ont été démolis, et il ne reste plus là qu'une tour debout comme un solitaire obélisque, dernier vestige d'un autre âge, dernier monument de l'illustre général qui chassa les Turcs de la Hongrie et fut un jour l'adversaire de Turenne.

C'est à une lieue au delà de Castelnuovo qu'on entre dans le district des Zichi, par un chemin qu'ils ont fait eux-mêmes, un dur chemin, je dois le dire, qui monte et descend tout droit de colline en ravin, de ravin en colline : *berg auf berg ab*, comme disent les Allemands. En la parcourant sur la rustique charrette que j'avais louée, j'ai souvent eu la réminiscence de mes courses en Norvége, et des rudes secousses que j'y subissais avec un véhicule de la même espèce, sur des routes du même genre. Mais ce qui ne ressemble ni aux montagnes de la Norvége, ni à celles des autres pays que j'ai parcourus, c'est cette crête du Carst, cette voûte des lacs, des fleuves souterrains, qui, partout où elle est intacte, ne présente aux regards qu'une surface aride et nue, qui, sur chaque point où elle s'affaisse, se couvre de verdure et d'arbustes. L'œuvre de destruction est ici une œuvre de vie. L'eau profonde sape un des piliers du dôme calcaire sous lequel elle va poursuivant son travail mystérieux ; une parcelle de ce dôme descend de son niveau, et devient un terrain fécond. N'en est-il pas de même du travail des sociétés ? Des scènes révolutionnaires qui les ébranlent, ne voit-on pas souvent surgir une lueur salutaire ; de l'excès de leur mal, une faculté inespérée ; de leur décadence, un nouvel élément de régénération ? Rien ne périt, rien ne s'éteint dans l'universalité de la création. L'aube sort avec sa blanche auréole des sombres voiles de la nuit, les fleurs éclosent sur la terre qui couvre les sépultures, le lierre plonge les racines de ses verts réseaux dans les crevasses des monuments en ruines, et, de même que, sous le ciel pur de l'équateur, on voit, l'une après l'autre, les étoiles monter, le soir, à l'horizon, de même on voit le flambeau de l'intelligence s'allumer successivement de contrée en contrée.

Sur ce côté du Carst, comme sur celui que j'avais traversé en allant à Laybach, partout où apparaît une dollina, c'est-à-dire un de ces terrains affaissés, et par-là même protégés contre le souffle de Borée, partout apparaît aussitôt le signe de possession de l'homme. Dans quelques-unes de ces dollinas paissent des moutons sous la garde d'un berger, qui, avec sa veste brune, jetée sur ses épaules en guise de manteau, son pantalon déchiré et pieds nus, semble avoir posé pour un des mendiants de Murillo. Mais toutes celles qui présentent la moindre chance de récolte sont protégées par une massive construction. Autour d'un de ces entonnoirs où la charrue trouve à peine assez de place pour tracer quelques sillons, s'élève un mur en pierre comme on en fait dans nos pays pour garder la vigne la plus délicate ou les meilleurs potagers. C'est que, sur cette aride montagne, la couche végétale est rare, et chaque parcelle du sol où l'on peut semer de l'orge, planter des pommes de terre, est un bien précieux.

Là, pendant plusieurs heures de marche, de toutes parts, nous n'avons vu que d'immenses amas de pierres, une sorte d'océan de lames de roc gris, sur lesquelles éclatent, comme des taches de sang, les feuilles des arbustes rougis par l'automne. Qu'on se figure ce que doit être ce lieu désolé quand l'hiver l'enveloppe de ses sombres nuées, quand la neige y tombe en épais flocons, quand la bora fait entendre ses longs gémissements. On appelle ce district la Sibérie de l'Autriche. Il mérite bien ce nom. Autrefois, il y avait là, dans les ravins, des forêts de hêtres qui opposaient une résistance à la fureur de la bora.

Les Zichi, avec leur insouciance de sauvages, uniquement occupés du présent, oublieux de l'avenir, ont peu à peu haché, saccagé ces forêts. Au nord de leur domaine, ils ont tout dévasté. Si l'on n'y prend garde, ils sont en train d'anéantir de même les bois qui leur restent d'un autre côté. Ces bois appartiennent, il est vrai, à leur communauté; mais il est du devoir de l'administration du pays de venir au secours de leur imprévoyance, de les arrêter dans leur aveuglement, de régler, par de sages mesures, une désastreuse exploitation.

A cinq lieues de Castelnuovo est le vrai foyer des Zichi. Ils occupent, dans deux ravins, le village de Mune, celui de Seniane et quelques habitations éparses. Leur curé, ami de mon compagnon de voyage, nous a très-gracieusement reçus dans son modeste presbytère. Pendant longtemps il n'y a eu là, nous a-t-on dit, que des prêtres peu recommandables de toute façon. De là, sans doute, l'état d'ignorance profonde où les Zichi sont restés plongés. Celui-ci est un homme instruit, qui, après avoir été attaché pendant dix ans à l'une des principales églises de Trieste, a demandé lui-même à venir dans cette province, comme nos missionnaires du Canada demandent à aller desservir les pauvres chapelles des Hurons et des Iroquois. Son revenu se compose en partie du produit d'un champ appartenant à la cure, et qu'il cultive lui-même. Ses paroissiens doivent lui donner du bois pour sa consommation, de l'engrais pour son champ; de plus, chaque famille lui paye un florin par an. « Avec ces ressources, nous disait-il gaiement, je suis très à mon aise; j'ai dans ma cave un bon tonneau de vin d'Istrie pour fêter les amis qui veulent bien venir me voir; je puis faire, une ou deux fois par an le voyage de Trieste, et en rapporter quelques livres; et, si je suis seul ici, très-seul, j'ai tant d'ouvrage dans ma communauté, que les journées ne me semblent jamais longues. »

Cependant, quelle vie d'abnégation et de dévouement! Une profonde douleur peut inspirer à l'homme l'idée de se jeter dans une telle retraite; mais la religion lui donnera seule la force d'y résister. Le prêtre qui a passé sa jeunesse dans les écoles, et une partie de sa vie dans l'intelligente animation d'une grande ville, n'a pas ici, près de lui, un seul être avec qui il puisse converser. Ses confrères, ses plus proches voisins, demeurent à plusieurs lieues de distance. Quelle solitude l'hiver, dans ce pays perdu, quand toutes les communications sont si difficiles, ou complétement interrompues! Et de quelle tâche est chargé cet apôtre de l'Évangile au milieu de sa tribu de charbonniers! Qui croirait qu'il y a là, en pleine Autriche, entre trois villes considérables : Fiume, Laybach, Trieste, une paroisse de dix-sept cent cinquante individus dont pas un ne sait lire et écrire? Pour préparer les enfants à la première communion, il est obligé de leur enseigner verbalement les dogmes de la foi, de leur inculquer mot à mot dans la mémoire chaque précepte du catéchisme. L'an prochain, pourtant, il espère avoir une école. A défaut de tout autre secours, il a ouvert une souscription, et il est parvenu à recueillir quelques centaines de florins, qui seront donnés à un instituteur. « Je n'ose plus, nous disait-il en inclinant la tête avec une mélancolique résignation, rien attendre de la génération actuelle; mais je parviendrai peut-être à améliorer la génération nouvelle. C'est là mon rêve d'ambition. Pour le réaliser, Dieu et les bonnes gens me viendront, j'espère, en aide. »

Après un déjeuner, pour lequel le vénérable prêtre avait généreusement sacrifié son plus beau poulet et transvasé son meilleur vin, il nous a conduits de cabane en cabane à travers sa vaste paroisse. C'est là que j'ai vu une affreuse misère morale et physique, une misère dont les tentes des Lapons, les huttes des pêcheurs de Lofodden, ne présentent qu'un imparfait échantillon, mais dont on trouverait une assez juste image dans les antres infects occupés par les ouvriers de Liverpool, de Manchester, et dans les campagnes de la malheureuse Irlande.

Quant ils partent pour Trieste, les Zichi, si peu soucieux qu'il soient du décorum, prennent cependant leurs meilleurs habits; mais ici, le plus hideux haillon leur suffit pour cacher leur nudité. Les hommes ne portent plus aucun lien incommode; les femmes ne boutonnent plus ni chemise, ni redingote. N'était la vive température de la montagne, je pense qu'elles seraient extrêmement peu vêtues.

La plupart des habitations ne sont que de chétives cabanes couvertes en chaume, divisées en deux parts égales, l'une pour le bétail, l'autre pour la famille. Si j'avais à choisir entre ces deux logis, je crois que je prendrais celui du bétail : au moins on doit pouvoir y respirer. Dans celui de la famille, il n'y a ni fenêtre, ni cheminée; le feu est allumé dans un coin, la fumée sort par la porte. Ustensiles de cuisine, provisions de ménage, tout est là confusément entassé dans un étroit espace, et, le soir, père, mère, enfants, chacun se couche sans drap et sans couverture sur le sol humide et fangeux. Pas la plus petite idée élémentaire de comfort domestique, pas une industrie; seulement ils tissent et taillent eux-mêmes leurs vêtements, et pour ne pas avoir à s'occuper d'une difficile combinaison de teinture, ils emploient la laine brune de leurs moutons à se faire leurs vestes, la laine blanche à se faire leurs pantalons. Plus éclairés, ces malheureux pourraient vivre beaucoup plus commodément. Du bétail qu'ils font paître dans leurs pâturages, de la vente de leur charbon, ils retirent un assez grand bénéfice. Les colons des provinces septentrionales de Suède, les *Nybyggare*, ont moins de ressources, et, près des Zichi, ils ressembleraient à des seigneurs. Mais les Zichi sont les lazzaroni des bois. Peu leur importe le lendemain, pourvu qu'ils jouissent de l'heure présente. Cependant, pour en bien jouir, il ne leur suffit pas de rejeter loin d'eux tout instrument de labeur; il faut qu'ils voient briller devant eux la pourpre du vin d'Istrie. Jeunes, ils se marient, non par amour, mais par calcul. Ils achètent, pour une certaine quantité de moutons, une femme qui sera leur compagne, et surtout leur esclave.

Ces pauvres femmes de la Zicherie, dans quel état je les ai vues sur le seuil de leur cabane! Non, leur donner le nom de femmes, c'est profaner ce mot, qui, dans notre esprit, se lie aux plus tendres souvenirs, au plus doux espoir, ou au rêve enthousiaste. Non, ce ne sont pas des femmes; c'est je ne sais quoi d'intermédiaire entre la nature animale et le plus suave idéal de la nature humaine. « Ah! vraiment, s'écriait un jour dans son naïf désespoir un nègre du Brésil, les singes ne parlent pas, et ils ont raison, car s'ils parlaient, on les ferait travailler. » Les compagnes des Zichi, moins prudentes que les singes, se sont mises à parler, et elles travaillent d'une façon terrible. Pour elles toutes les fonctions les plus pénibles, pour elles tous les fardeaux. Ce sont les bêtes de somme de la maison. Habituées dès leur enfance à cet état de servitude, elles acquièrent sans cesser d'être soumises à la volonté de leur maître, une force incroyable. Le curé de Mune m'a raconté un trait que j'ose à peine répéter, tant il me paraît difficile à admettre, et qui est pourtant très-positif. Une des femmes de sa paroisse part un matin, dans un état de grossesse extrême, pour se rendre à cinq lieues de distance, avec un sac de farine de plus de cent livres sur les épaules. A moitié chemin, elle est surprise par les douleurs de l'enfantement, s'asseoit par terre, se relève, met son enfant dans sa robe, le porte à l'église pour le faire baptiser, puis reprend son sac et va le déposer à sa destination.

Telle est cette race des Zichi, que je désirais voir à son foyer, que j'ai été chercher dans les tristes défilés de ses montagnes. Impossible, du reste, de saisir au milieu d'elle une tradition, un chant, rien qui ressemble à la transmission héréditaire d'une pensée poétique. Son existence a l'aride aspect des cimes de rocs où elle a bâti sa demeure, plus aride encore, car on n'y voit luire aucun rayon, et on n'y trouve aucune image des fraîches, verdoyantes dollinas. Depuis que les Zichi sont établis dans cette contrée, ils ont appris à parler slave avec les étrangers, mais entre eux ils conservent l'usage de leur dialecte primitif, de leur langue rouménienne.

IX

EN DALMATIE

IX.

EN DALMATIE.

Cette vieille romantique Dalmatie, il y a longtemps que j'aspirais à la voir. C'était, me dira-t-on, chose très-aisée. Trop aisée, répondrai-je. Voilà précisément ce qui m'arrêtait dans ce désir d'exploration. En moins d'une semaine, on peut aller maintenant de Paris à Trieste, et en six jours, les bateaux à vapeur du Lloyd traversent toute la côte de Dalmatie. Un proverbe serbe dit que ce qu'il y a de plus difficile à franchir, c'est le seuil de la maison. Est-ce la peine de vaincre cette douloureuse difficulté, de quitter ses pénates, de se troubler l'esprit par des préparatifs de départ, d'attendrir des cœurs aimés par ce mot d'adieu, toujours si grave, souvent si triste, pourquoi ? pour entreprendre une excursion qu'un écolier aurait le temps de faire entre son dernier thème et la rentrée des classes ? Ajoutons que cette mer Adriatique, où s'épanouit le commerce de Trieste, est si étroite qu'on ne peut en s'embarquant avoir la joie de s'écrier avec le poëte :

> Roll on deep Ocean ;

que ces montagnes de la Dalmatie sont si petites qu'on ne peut, avec la meilleure volonté du monde, éprouver sur leurs cimes l'une de ces solennelles émotions qui saisissent la pensée à l'aspect des Alpes.

Les chemins de fer, les bateaux à vapeur ont démesurément agrandi le cercle dans lequel on pouvait naguère encore honnêtement restreindre sa marche, et développé dans le monde, par leur puissance de locomotion, une nouvelle ambition. L'homme est un être essentiellement vaniteux. Il s'est fait à lui-même cet attribut, avec une foule d'autres, dont la main de Dieu qui l'a créé est fort innocente. Tel qui, autrefois, pouvait sentir un agréable chatouillement de vanité à narrer son voyage en Allemagne ou en Écosse, ne peut guère, s'il aspire à se poser en touriste, entrer décemment dans un salon qu'à la condition d'avoir traversé quelques steppes lointaines ou pénétré dans une forêt vierge. Les légendes turques parlent d'un ange qui porte sur les épaules cinq cents paires d'ailes, séparées l'une de l'autre par une distance de cinq cents années de voyage. Voilà un véritable espace, voilà un bon génie avec lequel on serait fier de se mettre en route. Je ne puis me rappeler cette poétique image sans penser qu'une des plus petites plumes de cet ange suffirait à marquer la mesure de la Dalmatie.

Sans crainte de laisser voir ma vanité, je l'avouerai donc, là était le côté faible de mon voyage, et voici l'autre : si près de nous par sa position géographique, la Dalmatie est plus loin de nous par l'étrangeté de son aspect et de ses mœurs que la Norvége et le Canada. Si petite, elle est d'une nature à occuper longtemps l'artiste et le savant, l'antiquaire et le philologue. Dans ses îles, sur ses plages, ont tour à tour passé, comme les flots de la mer qui les arrose, tous les peuples inscrits dans l'histoire ancienne et dans l'histoire moderne : Pélasges, Liburniens, immigrations de Goths, de Huns, de Slaves, troupes guerrières du nord et du sud, de l'est et de l'ouest, Bretons et Sarrasins ; puis les Hongrois et les Turcs ; puis les Vénitiens et les Allemands, et enfin les régiments de France. Dans les montagnes habite une race dont notre ingénieuse civilisation n'a point encore modifié les coutumes ni altéré le caractère. En notre heureuse époque d'essais continus et de réformes incessantes, de toutes parts les traces du passé s'effacent sous l'action des œuvres que nous appelons candidement nos œuvres de progrès ; les peuples les plus tenaces arrivent peu à peu à courber la tête sous les fourches caudines du nivellement universel. Tout ce qu'il y a de distinctif dans les diverses nationalités humaines se fond en une empreinte uniforme. Encore quelque temps, et tout sera modelé de telle sorte que, d'un des pôles à l'autre, il n'y aura plus, au moins en ce qui tient aux formes extérieures, qu'un seul peuple. Le Patagon se fera faire à sa mesure des gants glacés ; le Lapon chaussera sous sa tente des bottes vernies, et l'Arabe prendra pour voyager un chapeau Gibus. Des rives glaciales de la Léna, des sources brûlantes du Niger, du fond de nos antipodes, il arrivera des commandes aux magasins de la rue Vivienne, au Staub en renom. Le monde parisien, du haut de son siége de velours et de dentelle, trônera sur les oripeaux du vieux monde, comme la Victoire antique sur les symboles des peuples barbares qu'elle avait domptés.

Avant que cette conquête soit achevée, hâtons-nous de regarder ce qui lui résiste encore. Comme un archéologue va revoir avec empressement les colonnes d'un édifice qui bientôt s'écroulera, allons voir ce qui reste de primitif dans la vie d'un peuple. Et je puis le dire, non point pour l'avoir appris par des relations plus ou moins exactes, mais pour l'avoir moi-même observé de côté et d'autre, je ne crois pas qu'il y ait en Europe de peuple plus primitif que le peuple de la Dalmatie. Non, j'ai trouvé jusque dans les plus pauvres bär de l'Islande, jusqu'aux extrémités de la Norvége, jusqu'au sein de la Laponie, et en pleine Russie, et en pleine Finlande, des goûts d'étude, des germes d'instruction, des intuitions de vie nouvelle, qu'on chercherait vainement, si je ne me trompe, à l'âpre surface de ces îles rocailleuses qu'on appelle *Scogli*, et dans les rudes montagnes de la Dalmatie.

Un rapide aperçu de géographie et d'histoire nous aidera à comprendre un fait qui, au premier abord, doit paraître étrange.

La Dalmatie se compose d'une bande de terre qui, de la Croatie, s'étend jusqu'aux frontières de l'Albanie, et d'une quantité d'îles disséminées en face de la terre ferme. Trop faible pour pouvoir, par lui-même, constituer un État indépendant, ce petit pays n'a pu, cependant, s'allier intégralement à ceux qui l'avoisinent. Par la pauvreté de son sol il ne devait point tenter la cupidité des conquérants, mais par les avantages particuliers de sa position il excite perpétuellement la convoitise de plusieurs peuples. Ses îles, jetées à quelque distance l'une de l'autre, sur une longueur d'environ soixante lieues, apparaissent comme les assises d'un pont immense qui serait resté inachevé, et il n'est pas une de ces îles qui n'offre au navigateur un sûr refuge, un port excellent. C'est un des grands chemins de l'Occident en Orient, et ce chemin, les Grecs en avaient, dès les premiers temps, reconnu l'importance. Les Romains y avaient fondé plusieurs colonies; les Byzantins l'ont possédé; les Hongrois sont venus ensuite, qui en faisaient le complément de leur empire; puis les Vénitiens, ces rois de la mer, l'ont enlevé aux Hongrois; puis les Turcs y sont entrés le fer et le feu à la main. Maîtres de l'Albanie, de la Bosnie, de l'Herzogovine, de plusieurs points de la côte et de plusieurs îles, ils n'avaient qu'un pas à faire pour planter leur étendard sur toute cette rive de l'Adriatique. La victoire de Sobieski, en sauvant Vienne de leur fureur, sauva du même coup la Dalmatie. Plus d'une fois, cependant, ils essayèrent de s'emparer d'une région qui arrondissait leurs possessions. Ils parvinrent à y reprendre quelques forteresses. Mais déjà ils n'avaient plus la même confiance en leurs forces et n'inspiraient plus la même terreur. Les Morlaques, enflammés à la fois contre eux par la haine religieuse et par un ardent désir de vengeance, leur firent une guerre acharnée; les Vénitiens les poursuivirent d'île en île, de citadelle en citadelle. Le traité de Passarowitz mit fin à des combats qui duraient depuis deux siècles, et dont les divers épisodes ont été consacrés dans les chants populaires des Slaves de la Dalmatie, comme les exploits du Cid dans le Romancero, les héroïques aventures de Siegfried dans les strophes des Niebelungen, et le triomphe des Grecs dans l'épopée d'Homère.

Ainsi ballottée sans cesse entre des puissances hostiles, tantôt soumise volontairement à des princes dont elle réclamait le secours, tantôt envahie par des hordes cruelles, agitée en outre par des luttes intestines, inquiétée souvent par des légions de pirates, serrée d'un côté entre les populations turques, qui l'obligeaient à se tenir constamment sur ses gardes, et de l'autre par la mer, sur laquelle un pouvoir jaloux ne souffrait aucune rivalité, comment la malheureuse Dalmatie aurait-elle pu entrer dans le développement intellectuel et matériel des autres peuples?

Les Vénitiens, qui, sauf Raguse, finirent par la soumettre tout entière à leur domination, ajoutèrent au titre de leur doge celui de duc de Dalmatie. Ils avaient envers elle un austère devoir à remplir, le devoir du fort envers le faible, du riche envers le pauvre, le devoir du souverain envers ses sujets. Mais une telle pensée ne germait point dans le sombre égoïste esprit de la politique de Venise. Tout au contraire : les nobles sénateurs, qui se faisaient bâtir de royaux palais sur les bords du Grand-Canal, aimaient à penser que, dans les États assujettis à leur fière cité, le peuple n'habitait que des chaumières ; les riches patriciens, qui s'enorgueillissaient de voir éclater autour d'eux les chefs-d'œuvre de leurs peintres et de leurs sculpteurs, ne se souciaient nullement que ces rayons se projetassent dans les pays qu'ils avaient conquis; les régents de la république placée sous le patronage de saint Marc ne voulaient point que la Bonne-Nouvelle de Bethléem, la douce loi de fraternité de l'Évangile, se répandît parmi les populations qu'ils subjuguaient.

De son lion de Saint-Marc, ce qui plaisait

surtout à cette république, c'étaient ses griffes de granit et ses ailes ouvertes pour envahir l'espace; de la mer où elle élevait ses édifices, elle se faisait une épouse dont elle voulait à elle seule garder les trésors; des pays qu'elle maîtrisait, un sol de tributaires dont elle exprimait le suc sans leur permettre de participer ni à sa fortune, ni aux dons de sa science. Pour les mieux asservir, elle voulait qu'ils restassent pauvres; pour les gouverner plus aisément, elle voulait qu'ils fussent ignorants. En ce qui tient à la Dalmatie, cette double proposition fut formellement énoncée devant le sénat, acceptée et mise en pratique. Les principales ressources de la Dalmatie viennent de la culture de ses oliviers et de ses mûriers, le conseil des Dix ordonna d'extirper ces arbres dangereux. Pour prévenir un autre péril, il interdit tout établissement d'instruction, toute école, déclarant que ceux qui tiendraient absolument à donner quelque éducation à leurs enfants, les enverraient en Italie. En 1700 seulement, l'archevêque Étienne Cosmi parvint à fonder un séminaire à Spalato, et en 1796 il en fut formé un autre à Almissa.

L'attitude vacillante du pays en plusieurs circonstances, l'hostilité manifeste de plusieurs villes, et les révoltes de Zara, auraient pu éclairer le gouvernement de Venise sur l'exagération de son système, et lui faire reconnaître que si elle avait pu subjuguer un peuple par la force, elle ne pouvait gagner son amour et s'assurer de sa fidélité par d'injustes rigueurs; mais c'était une de ces idées auxquelles les hautes seigneuries de la république fermaient avec des hallebardes l'entrée de leur conseil. La Dalmatie fut, en quelque sorte, ensevelie vivante sous leurs lois de compression, et leur long âge de domination pèse encore sur elle comme un bloc de granit sur un sépulcre.

En 1798, elle vit sans regret tomber l'orgueilleux étendard de Venise, et se rallia, sans peine, à celui de l'Autriche. Le nouveau gouvernement s'annonçait avec de bonnes intentions, mais bientôt il fut remplacé par un autre. Le traité de Presbourg livrait la Dalmatie à la France, et, pour prendre possession de cette province, nos troupes eurent à soutenir d'abord une lutte meurtrière contre les Russes, contre les Monténégrins soulevés par les Russes, et contre les Anglais qui se fortifièrent dans l'île de Lissa, après avoir écrasé sous ses murs une de nos escadres.

Le temps manqua ensuite à nos fonctionnaires pour relever ce pays de son long affaissement, et lui donner une impulsion vitale. Il nous est doux cependant de le dire, et nous sommes sûr de ne point nous laisser abuser par une vanité de patriotisme : à voir ce que les Français ont fait dans leurs quelques années de séjour en Dalmatie, il est aisé de reconnaître ce qu'ils projetaient de faire, et ce qu'ils auraient accompli si les événements de 1813 ne leur avaient enlevé ce moyen d'action avec tant d'autres. Partout où ils ont passé ils ont laissé une trace de leur activité militaire ou de leur intelligente pensée. Sur divers points de la côte, plus d'un fort habilement bâti porte encore le nom de Napoléon; dans les bouches de Cattaro, l'Autriche en achève un à présent qui fut commencé par nos soldats, et la belle route qui relie Raguse au port de Grabovaç a été faite par le 60ᵉ de ligne.

Ce maréchal Marmont, que la haine des partis politiques a si cruellement outragé, était un homme d'un cœur élevé et d'une rare capacité; il méritait vraiment de porter le titre de duc de Raguse par les sages mesures qu'il avait prises, par les desseins qu'il avait formés pour améliorer la situation de ce pays. Il a laissé là les plus nobles souvenirs, non-seulement parmi ceux qu'il fut appelé à gouverner, mais parmi ceux qu'il fut obligé de combattre. Un jour, en revenant de Cetinie, j'ai cheminé avec un vieux Monténégrin, dont le temps n'avait point affaibli la vigueur; jeune, il avait pris les armes contre nous, il s'était élancé avec les Russes sur les remparts de Castelnuovo et sur les bastions de Raguse. En racontant ces batailles, son visage s'animait d'un sentiment de fierté, ses yeux pétillaient du feu d'un autre âge sous ses cils blanchis par la vieillesse; il se rappelait tous les incidents de cette lutte sanglante, tous les noms de nos généraux, et ne prononçait celui de Marmont qu'avec une expression de respect.

En 1814, l'Autriche reprit possession de la

Dalmatie ; si maintenant elle attache du prix à cette conquête, je ne crois pas que pendant longtemps elle en ait compris la valeur ; je dirai plus, je pense qu'elle y aurait très-aisément renoncé, n'eût été le péril de la laisser tomber en d'autres mains. Le fait est, qu'à la première vue cette province devait se montrer à elle comme une complication de plus dans la mosaïque de ses États, et un fardeau de plus dans ses finances. A l'heure qu'il est, malgré les nouvelles ressources que le fisc y a peu à peu découvertes, elle est encore marquée périodiquement dans le budget de l'empire par un déficit.

Par son organisation administrative, par la solde de ses troupes, par les travaux de défense qu'elle élève sur plusieurs points, l'Autriche dépense annuellement, dans ce pays, environ trois millions au delà des impôts qu'elle y perçoit. A l'époque où elle adjoignit ce nouveau fleuron à son impérial diadème, c'était pour elle un héritage inattendu dont elle ignorait à peu près complétement la nature et le caractère. Pour la plupart des habitants de

Vienne, c'est une sorte de *terra incognita* qui leur apparaît vaguement dans une ombre confuse comme la terre barbare des Scythes aux anciens Grecs. Pendant longtemps les fonctionnaires civils et les officiers que le gouvernement autrichien envoyait là s'y rendaient comme en un lieu d'exil, faisant tristement leurs préparatifs de voyage, et recevant avec résignation à leur départ les adieux peu encourageants de leurs amis. Quoi! leur disait-on dans les allées du Prater, vous allez en Dalmatie! de l'air dont on dirait, dans le splendide *Newsky Perspectiv* de Petersbourg, vous allez à Jarkusk! Obéissant à un devoir de position, étrangers à la langue, aux mœurs du peuple où ils étaient appelés à exercer leur emploi, ils allaient là avec l'espoir de n'y pas rester, et d'y recevoir un plus prompt avancement comme une juste récompense de leur sacrifice. Avec une telle pensée une légion de fonctionnaires ne peut avoir qu'une action très-secondaire sur une contrée qui, comme la Dalmatie, a besoin d'une sympathie éclairée et d'un dévouement énergique. Cette lueur d'une conception intelligente, cet appui d'une autorité affectueuse, la Dalmatie les trouve en Autriche, mais lentement, par l'effet d'une nouvelle connaissance que l'Autriche elle-même doit acquérir.

Le gouvernement autrichien est d'une essence particulière, dont il serait difficile, je crois, de rencontrer un autre exemple en Europe. Gouvernement de tradition très-aristocratique à sa sommité, très- populaire au fond ; un peu défiant et soupçonneux dans ses manifestations extérieures, et fort engagé dans les habitudes bureaucratiques de ses chancelleries; mais, en réalité, très-bon et très-paternel. Si ses qualités suffisent pour rendre heureux ces vieux peuples d'Allemagne et du Tyrol, son éloignement pour toute espèce d'innovation, ses formes d'administration systématiques, lentes et timides, son défaut d'initiative, ont empêché, ou tout au moins retardé le bien qu'il aspire à faire, j'en suis convaincu, à un pays qui, comme la Dalmatie, en se présentant à lui sous une face toute nouvelle, réclamait de nouvelles institutions. Depuis quelque temps il a pris à tâche d'y placer des fonctionnaires plus aptes que les précédents à distinguer les besoins, les moyens d'amélioration de cette contrée, et plus dévoués à ce travail. Il a eu le bonheur d'en trouver, et déjà l'on peut reconnaître, sur plusieurs points, le salutaire effet de ces choix. Un homme qui, par son séjour dans les pays étrangers a acquis des connaissances nombreuses, M. Gutmannsthal, exerce, sous la présidence de l'excellent gouverneur de Trieste, le général Wimpfen, la direction du service maritime de toute la région que l'on désigne sous le nom de littoral autrichien. Il a sous ses ordres un inspecteur, M. d'Erco, qui a pris à cœur la tâche dont il est chargé et la poursuit avec intelligence. Le préfet de Cattaro, ou, pour lui donner son titre officiel, le *capitano del Circolo*, placé sur les frontières de l'empire, entre la population turbulente du Monténégro et les provinces turques, apporte dans ce poste difficile un tact parfait et une remarquable habileté. Au-dessus des divers agents de l'administration civile et des commandants militaires, est le gouverneur de Zara, le général Mamula. Celui-là sait l'idiome slave des Dalmates comme un Dalmate, et il connaît leur pays, non pour l'avoir étudié dans les rapports de ses subalternes, mais pour l'avoir parcouru lui-même différentes fois à cheval, seul avec un aide de camp, pénétrant dans les districts les plus montagneux, s'arrêtant dans les plus pauvres villages, interrogeant le pâtre et l'ouvrier, le matelot et le paysan. Les Dalmates ne parlent de lui qu'avec un sentiment de reconnaissance, et l'étranger qui aura eu l'honneur d'être reçu chez lui emportera de sa demeure un doux souvenir.

Malgré les louables désirs de ces fonctionnaires et l'action de leur pouvoir, la Dalmatie est encore, au point de vue du développement intellectuel des autres peuples, dans un état rétrograde ; à la limite de la savante et poétique Autriche, c'est l'ignorance du moyen âge.

De même que par leurs divers embranchements, les cimes éthérées des Alpes vont en s'abaissant du côté de la mer, de même, en se dirigeant du centre de l'Europe vers les côtes de l'Adriatique, on voit peu à peu s'atténuer, décliner la pensée des lettres, le génie des sciences, et l'on peut dire, sans exagération, que

Cattaro est l'une des bornes du monde civilisé.

Il n'existe, dans toute l'étendue de la Dalmatie, pas une seule école de haut enseignement. Comme au temps de la domination vénitienne, les familles qui veulent faire faire à leurs enfants des études de droit ou de médecine doivent les envoyer, à grands frais, dans une des universités d'Italie ou d'Allemagne. Il y a là si peu d'écoles élémentaires, que, sur quatre cent mille individus dont se compose la population de cette province, on n'en compte pas plus de cinquante mille qui sachent lire et écrire.

Certes, je l'avouerai, je ne crois pas que le bonheur essentiel de l'homme consiste dans la banale faculté de parcourir aisément de l'œil les pages d'un livre, ou d'aligner des mots sur une feuille de papier. Près des Américains du nord, qui énumèrent avec orgueil la quantité de leurs écoles et le nombre infini de leurs institutions de toute sorte, j'ai vu les bons habitants du Canada s'en tenir, pour la plupart, aux leçons verbales de leur curé, qu'ils réclament avec confiance, qu'ils écoutent avec humilité, et leur sort m'a paru plus doux que celui de leurs arrogants voisins. C'est en Allemagne, où l'on étudie tant, que l'on a popularisé la tradition de Faust, ce Prométhée des temps modernes, conduit par l'orgueil à l'isolement, et déchiré dans sa sombre retraite par le démon du doute. Maintenant, plus que jamais, l'étude n'est-elle pas comme ces plantes des Antilles qui produisent à la fois une nourriture substantielle et un poison? Pour quelques-uns qui en extraient un suc salutaire, combien d'autres n'y puisent qu'un venin fatal qui leur ronge l'esprit et leur corrode le cœur!

Mais comme les peuples ont à qui mieux mieux marché aventureusement dans la voie des découvertes, et dans ce qu'ils appellent la voie des idées, il n'est permis à aucun d'eux de rester en dehors de ce mouvement. Voilà pourquoi je signale l'ignorance scolastique de la Dalmatie.

Sous un autre rapport, la Dalmatie est également dans une grande pénurie; elle n'a ni manufactures, ni établissements industriels; elle ignore jusqu'à l'art d'exploiter, comme ils pourraient l'être, ses produits agricoles; elle n'a pas même, sur sa bande de terre, une seule vraie voie de communication. Un service de poste rejoint, trois fois par semaine, Cattaro à Trieste, et voici de quelle façon ce service est fait. A Cattaro, un homme prend sur ses épaules la sacoche de lettres et la porte, à pied, jusqu'à Raguse; ici, le sentier étant un peu plus praticable, on met les lettres sur le dos d'un âne, et elles vont ainsi par monts et par vaux jusqu'à Zara, où l'on peut enfin les charger sur une charrette. En neuf jours, si nul accident n'arrête leur marche, elles arrivent à Trieste ayant fait un trajet d'environ soixante lieues. Nos voitures de roulage sont des modèles de promptitude comparées à cette poste dalmate. Il est vrai que les bateaux à vapeur du Lloyd lui enlèvent la plupart des dépêches, et qu'au point où en sont encore les correspondances commerciales et industrielles du pays, elle doit être, pour l'administration du pays, plutôt un surcroît de dépense qu'un moyen de bénéfice.

Si la rigoureuse politique vénitienne s'est appliquée à affaisser les populations de la Dalmatie sous le poids de la misère, si le gouvernement autrichien, malgré ses bons sentiments, n'a point fait tout ce qu'il aurait pu faire pour leur imprimer l'élan dont elles ont besoin, il faut dire aussi qu'elles occupent un sol où elles ne peuvent trouver aisément à s'enrichir. Quoique ce sol ne soit point aussi stérile que l'a dit Strabon, il est en grande partie âpre, rocailleux et difficile à cultiver. Deux chaînes de montagnes le traversent, l'une qui le sépare des provinces septentrionales de la Turquie ; l'autre, qui s'étend sur une ligne parallèle à la côte, s'en rapproche vers Spalato et s'étend jusqu'en Albanie, projetant çà et là dans les airs des pics de cinq mille à six mille pieds de hauteur. Autour de ces montagnes, de tout côté s'élèvent des collines aux cimes arrondies, aux flancs dénudés, d'un aspect triste et monotone. Cependant il y a là des ressources agricoles qui se développeraient promptement entre des mains plus habiles. Sur une partie de ces collines, on aperçoit des plantations d'oliviers presque aussi beaux que ceux de la Syrie, et des vignes qui donnent un vin excellent. Le vin de Malvoisie, qu'on fait aux environs de Raguse, a été à juste titre célébré par les anciens, et il en est d'autres moins célèbres qui en vieillissant passent d'une couleur d'amaranthe à un jaune clair et ont le goût du vin de Madère. Dans les vallées fleurissent les figuiers, les amandiers et plusieurs autres arbres à fruit. Sur les montagnes, on trouve de très-bons pâturages. Çà et là, on récolte aussi des céréales, et je ne dois pas négliger, dans cette nomenclature de produits agricoles, les plantes légumineuses, les beaux choux à larges feuilles qui faisaient oublier à Dioclétien la pourpre de l'empire.

Les Dalmates, tout en consacrant un pénible labeur à chaque parcelle de terre cultivable, en l'entourant avec soin d'un mur, en l'étayant par une forte maçonnerie pour en prévenir les éboulements, ne savent point encore tirer des grappes de leurs vignes, des rameaux de leurs oliviers tout le parti qu'ils pourraient en espérer. C'est un Français qui le premier est venu établir parmi eux un moulin à huile. Dans leurs vallées, ils pourraient faire des prairies artificielles, et ils rejettent ce procédé qui ne leur a point été enseigné par leurs pères. Dans leurs pâturages, si une épizootie éclate parmi leurs troupeaux, comme ils ignorent l'art d'en arrêter le cours, comme ils n'ont point de vétérinaires, il faut qu'ils se résignent à un désastre fatal.

Au fond, le premier élément de prospérité de ce pays est dans sa position maritime. Le long de la côte, son sol se déroule comme un ruban de vingt lieues de largeur dans sa plus grande extension, de quatre à cinq lieues ailleurs, et de deux lieues seulement près de Raguse. Pour former un État continental de quelque consistance, il faudrait, comme Napoléon en avait eu le projet, et comme l'Autriche doit le désirer, y adjoindre l'Herzegovine et la Bosnie. Mais la mer est là qui l'invite aux lointains voyages, et sa plage et ses îles offrent aux navigateurs une quantité de ports excellents. Une telle situation porte nécessairement l'homme à la vie nautique, et il y a longtemps que les Dalmates ont pris une place assez notable dans les annales de la marine. Mais comme on rencontre souvent de par le monde des individus qui passent leur vie à faire la fortune des autres, sans pouvoir travailler à la leur, on voit aussi des États qui semblent condamnés au même sort. Telle est l'Irlande. Telle est, dans une condition toutefois infiniment moins dure, la Dalmatie. Le peuple de Dalmatie a construit, armé des navires pour les Romains. Il a vaillamment combattu contre les Carthaginois. Plus tard, on lui attribue l'honneur d'avoir déterminé la victoire à la bataille d'Actium, et jamais il n'a participé à la grandeur de Rome. Les Vénitiens ont de même exploité le courage de ses soldats, l'habileté de ses matelots, et ils se sont fait une loi de l'écraser. Son sol a servi de pont à une quantité de races qui non-seulement ne payaient point de péage en le traversant, mais le pillaient insolemment.

A présent, ce peuple entre pour une grande part dans la composition de la marine impériale de l'Autriche, dans les équipages du Lloyd, dans le mouvement commercial de l'Adriatique. Affranchi enfin du joug sous lequel il fut courbé tant de siècles, soumis à un gouvernement juste et honnête, il pourrait prendre son essor. Par malheur, il lui manque le génie de la spéculation, la hardiesse des entreprises. Si, dans de longues années de navigation, ses capitaines de navire parviennent à s'enrichir, en rentrant au logis, ils déposent dans un coffre le capital qu'ils ont amassé, et achèvent leur vie dans un repos inerte, près d'un trésor inutile. Dans quelques îles et dans quelques cités on commence cependant à remarquer une action plus vive et plus intelligente, et, à voir ce que la ville de Lussino, dont je parlerai plus tard, est devenue en un assez court espace de temps, il est aisé de deviner la nouvelle situation que la population dalmate peut se créer, et le progrès qui, des rives de la mer, peut pénétrer graduellement dans les montagnes.

Pour comprendre jusqu'où peut aller ce progrès, arrêtons-nous un instant à examiner son point de départ et le caractère de la tribu humaine qu'il doit transformer.

La population de la Dalmatie n'est point composée d'éléments multiples. De tous les peuples de différente origine, qui ont successivement passé, ou campé sur ses côtes, dans ses îles, il n'est resté que deux religions et deux races : la religion grecque qui compte environ 80 000 âmes, et la religion catholique qui en compte au delà de 300 000 ; la race italienne dont le nombre s'élève à 16 000 individus, la race slave qui est de près de 350 000. Il faut y ajouter seulement quelques familles juives, descendant de celles qui furent bannies de l'Espagne en 1492, quelques familles albanaises qui vinrent ici chercher un refuge contre les persécutions de leurs pachas, et quelques familles françaises qui sont restées aux lieux où les avait conduites notre drapeau.

Comme au temps où les citoyens romains siégeaient dans les capitales des régions subjuguées par la puissante république, tandis que les indigènes continuaient leurs rudes travaux champêtres, les Italiens de la Dalmatie habitent pour la plupart les villes; les Slaves sont répandus dans les campagnes.

Le premier historien de cette race aujourd'hui si nombreuse est Jornandes. Il cite dans son livre les Venedi, les Anti et les Sclaveni, qui auraient été de son temps trois grandes tribus. Les deux dernières, selon Procope, seraient comprises sous le nom générique de Spori, qui, d'après l'opinion d'un savant moderne, M. Krasinski, représenterait, avec une légère différence, celui de Serbi (ou Serbes).

C'est au sixième siècle seulement que les Slaves nous apparaissent dans l'histoire du monde d'une façon distincte. Sous l'ombre obscure qui enveloppe leur origine, le sentiment national peut à son aise combiner toutes sortes d'hypothèses, de même que dans les nuages flottants un regard rêveur peut entrevoir toutes sortes d'images vaporeuses. Grâce à ce large et vague espace, quelques étymologistes ont pu sans crainte donner un libre essor à leur pensée patriotique, et une fois qu'ils se sont mis à la lancer vers les âges lointains, ils ne l'ont arrêtée ni à l'arche de Noé, ni à la tour de Babel, ils l'ont laissée gaiment voler jusqu'aux premiers jours de la Genèse, jusqu'au matin printanier de l'humanité, où elle s'est arrêtée sous les berceaux en fleur de l'Éden, comme l'oiseau sous le vert feuillage où il retourne à la nouvelle saison chercher son nid d'un autre été.

Selon les étymologistes, la langue modulée dans le paradis terrestre était positivement la langue slave. Lorsque Dieu eut pétri d'un peu de limon notre premier père, il lui dit : Viens ici : *Od-ama*. Quand ensuite il lui demanda : Où est ta femme, Adam répondit : *Ev-oye* (la voilà). De ces deux mots viennent les noms d'Adam et d'Ève par une légère modification qui, dans l'étude des idiomes, ne peut embarrasser aucun philologue. J'ajouterai que ces deux mots ont une signification morale et religieuse qui mérite d'être signalée. Combien d'hommes de par le monde seraient fort peu préparés à se lever à la face du ciel si Dieu leur disait : Viens ici, et combien il en est aussi qui, si on leur demandait : Où est celle que vous devez à jamais aimer? seraient un peu embarrassés de répondre : La voilà!

Plusieurs autres peuples ont la même prétention que les Slaves, et cette prétention, si difficile qu'elle soit à justifier, si étrange qu'elle puisse paraître, m'inspire un sentiment de respect. Je me rappelle qu'un jour, dans le couvent des Mekhitaristes de Venise, un jeune prêtre, qui dans le cours de la conversation avait fait preuve d'un esprit très-éclairé, me dit tout à coup et très-candidement, en étalant sous mes yeux de vieux manuscrits arméniens : « Nous pensons que notre dialecte est celui qui s'exhala des premières lèvres humaines, » et si cet aimable professeur se souvient de ma visite, il peut me rendre cette justice que je l'entendis formuler ce principe sans y faire la moindre objection. Il y a dans cette tendance à rejoindre le présent aux temps primitifs comme une religieuse inspiration de l'homme à son berceau, comme un idéal désir d'une plus noble origine, et noblesse oblige.

Les Slaves se plaisent aussi à dire que leur nom national vient de *slavo* (gloire), et ce nom imposant, ils l'ont vraiment justifié par la place qu'ils se sont faite dans le monde. Quoiqu'ils aient dû souvent se jeter dans l'arène des combats, quoique les annales d'une de leurs principales tribus, les Polonais, ne soient qu'un long récit d'entreprises audacieuses et de luttes continuelles, leur nature en général n'est cependant pas très-belliqueuse. Les historiens au contraire s'accordent à les représenter comme des hommes d'un tempérament modéré, qui tendaient à prendre paisiblement possession des terres abandonnées par des hordes guerrières plutôt qu'à les enlever par la force des armes. En s'avançant peu à peu partout où ils trouvaient une route ouverte, ils ont fini par occuper plus d'espace que n'en eurent jamais les Goths, les Huns et les autres peuplades guerrières qu'on vit, ainsi que des nuées de vautours, s'abattre sur l'Europe.

Sortis comme un fleuve puissant des régions de l'Asie à une époque qu'il n'est pas possible de déterminer, ils se répandirent par deux larges courants de chaque côté des Carpathes. Au nord, il envahirent le Mecklembourg, la Poméranie, le Brandebourg, la Saxe, la Bohême, la Moravie, la Silésie, la Pologne et la Russie; au sud, la Moldavie, la Valachie, la Bosnie, la Servie, la Dalmatie, la Carinthie, la Carniole. Dans l'immensité de leurs domaines, ils touchaient ainsi des bords sauvages du Don aux bords fleuris de l'Elbe, des froides rives de la Baltique aux plages méridionales de l'Adriatique. Ces domaines, ils en possèdent encore la plus grande partie. De combien d'hommes se composaient leurs premières légions, c'est ce que nul document ne nous enseigne. A présent, ils forment plus d'un tiers de la population européenne. Ils ne sont pas moins de soixante-dix millions. Convertis pour la plupart de bonne heure au christianisme, ils sont, en diverses régions, divisés en différents dogmes, mais la majorité d'entre eux est liée à la religion grecque. Par leur contact et leur mélange avec les autres peuples, leur type primitif s'est altéré sur plusieurs points, leur idiome et leurs mœurs ont subi de notables modifications. Ils ne règnent pas dans tous les lieux qu'ils occupent. Ici, ils sont sujets de la Prusse, plus loin de la Saxe, ailleurs de l'Autriche. Mais, dans leur variété de dialectes, les peuplades du Nord et du Sud, de l'Est et de l'Ouest se rattachent à une même langue, et d'une des extrémités à l'autre de l'Europe, sous leurs gouvernements germaniques, se rallient à leur nom de Slaves.

La Russie est là active et forte, intelligente et riche, qui agit sur elles par tous les moyens qui sont en son pouvoir, tantôt par une intervention diplomatique, tantôt par ses armes ou par ses présents, les amène peu à peu à tourner en un moment de crise ou d'inquiétude leurs regards vers elle, et travaille à rejoindre en une même nationalité les *disjecta membra* d'un même corps. Ce qu'elle a fait de progrès dans l'esprit de ces populations, surtout parmi celles des rives du Danube et des rives de l'Adriatique, il est facile de le reconnaître ; ce qu'elle peut faire encore, c'est une grave question qui s'élève trop au-desssus de mon humble sentier littéraire pour que j'essaye de la juger.

J'en reviens à la Dalmatie. La marche des Slaves, qui par l'Orient entrèrent dans cette contrée, présente dans sa lente progression un caractère épique qu'on ne trouve point à beaucoup près au même degré dans celle des Slaves du Nord. En très-peu de temps ceux-ci parviennent à s'établir sur de vastes plaines, s'y livrent aux travaux de l'agriculture, bâtissent des villages et des villes, et dans leu. industrieuse activité jettent un lien commercial entre la mer Baltique et la mer Noire.

Ceux de l'Orient, au contraire, soit qu'ils trouvassent sur leur chemin une plus vive résistance, soit qu'ils fussent d'une nature plus violente, se jetèrent dans d'ardents combats. Leur première apparition dans l'histoire est une apparition guerrière ; leur premier acte, une audacieuse entreprise. Au commencement du vi[e] siècle, ils se précipitent les armes à la main dans l'empire grec, ravagent ses provinces, menacent sa capitale. Pour écarter le péril qui l'effrayait, la cour de Byzance, impuissante à se défendre par ses propres forces, suscita contre ces hordes terribles les Avares, qui après plusieurs sanglantes batailles finirent par les subjuguer. Mais pour échapper à un malheur, les faibles successeurs de Constantin en avaient attiré sur leurs têtes un plus grand. Leur nouvel allié leur fit payer si cher le service qu'il leur avait rendu, les traita avec tant de hauteur, qu'il fatigua leur patience et révolta leur pusillanimité. D'un autre côté, les Slaves souffraient tellement du joug sous lequel ils avaient fléchi, des outrages et des cruautés de leurs oppresseurs, qu'ils n'aspiraient qu'à la révolte. Dans la nouvelle lutte qu'ils engagèrent, ils furent appuyés par cette même cour vacillante qui avait voulu leur asservissement. A leur tour, ils remportèrent la victoire. Après une guerre qui dura plusieurs années et dont nous ne connaissons point les nombreux incidents, ils subjuguèrent les Avares, les chassèrent de l'Illyrie et de la Dalmatie. C'était au commencement du viie siècle. Vers le même temps, les Serbes obtinrent des empereurs de Constantinople l'autorisation d'occuper l'Albanie, la Bosnie, l'Herzegovine, le Monténégro. Ces nouveaux territoires furent divisés en cinq provinces qui obéirent au prince de Serbie, sous la haute suprématie de l'empereur. Par l'effet de cette suprématie, les populations slaves de ces contrées furent dès l'an 650 converties au christianisme, tandis que les Slaves du Nord restaient enchaînés à leur paganisme, de telle sorte que ceux de l'île de Rugen adoraient encore en 1160 leur idole d'Arcona.

Ainsi s'est constituée dans sa possession territoriale et dans son dogme religieux la tribu slave de la Dalmatie. Au xive siècle, une autre cohorte d'émigrants, appartenant à la même race, vint s'y adjoindre. C'étaient les Morlaques, dont des récits erronés ont fait un peuple à part, et qui sont, par leur origine, par leur langue, aussi Slaves qu'ils peuvent l'être dans leur condition exceptionnelle. Établis en Bosnie, lorsque cette province fut envahie par les légions musulmanes, ils vinrent chercher un asile sur un sol voisin d'eux, sur un sol chrétien. Les plages, les vallées étant occupées par ceux qui les avaient précédés dans ce pays, ils s'abritaient dans les montagnes et ils y sont restés. De là entre eux et les autres Slaves de la Dalmatie une différence toute naturelle. Les habitants de la côte, par leur existence maritime, par leurs relations avec les contrées étrangères, se sont nécessairement rapprochés de nos idées de civilisation; les Morlaques, par leur isolement, ont gardé leurs mœurs primitives.

Leur nom indique qu'ils sont venus aussi des bords de la mer, très-probablement de la mer Noire[1], et ils ont longtemps campé dans les forêts de la Bosnie ainsi qu'ils campent aujourd'hui sur les hauteurs des cantons de Zara et de Spalato. Comme Énée emportait des ruines

---

1. *More-Vlah*, les hommes puissants de la mer.

fumantes de Troie son père et ses dieux, ils ont emporté de leur première retraite leur culte religieux et leurs traditions étrangères au calcul mercantile des villes ; ils gardent envers elles un sentiment de défiance : « Foi d'Italien, foi de chien, » disent-ils, et ils ne désignent les habitants de la côte et des îles que par le nom de *Bodoli*, auquel ils attachent un sentiment de dédain. Forts et robustes, ils ont ennobli leur force par les combats qu'ils ont livrés aux Turcs. Dans les longues luttes contre les pachas de Bosnie, la république de Venise n'a point eu de plus vaillants auxiliaires. Pauvres, ils relèvent leur pauvreté par leurs vertus héréditaires.

Le premier écrivain qui se soit appliqué à les dépeindre est l'abbé Fortis, à qui l'on doit un savant livre sur la Dalmatie [1]. Tels Fortis les a vus à la fin du siècle dernier, tels ils apparaissent encore dans l'excellent ouvrage publié récemment par M. Wilkinson [2], dans l'œuvre mal-

---

1. Viaggio in Dalmazia. 2 vol. in-4°. Venise, 1774.
2. Dalmatia and Montenegro, 2 vol. in-8°. Londres, 1849.

heureusement inachevée de M. Carrara[1] et dans l'instructive relation de M. J. G. Kohl[2].

Comme au temps passé, ils habitent des cabanes grossièrement construites, recouvertes en chaume, où il ne se trouve qu'une seule chambre, si l'on peut donner le nom de chambre à un carré de murs, sans plancher, sans lambris, sans fenêtre, sans cheminée. Au milieu est le foyer, dont la fumée s'échappe par la porte. Là, les Morlaques déposent leurs provisions, préparent leurs aliments, dorment tout habillés sur la terre nue, et quelquefois ouvrent encore cet étroit espace à leurs animaux.

Leur nourriture habituelle se compose de galettes d'orge ou de maïs cuites sous la cendre, de lait et de beurre. Fidèles aux règlements de l'Église, ils observent strictement les jours de jeûne. Il est vrai de dire que, quand ils en trouvent l'occasion en une fête patronale ou en une noce, ils se laissent aisément aller à l'intempé-

---

1. La Dalmazia descritta, 2 vol., in-4°. Paris, 1846.
2. Reise nach Istrien, Dalmatien und Montenegro, 2 vol. in-12. Dresde, 1851.

rance. Leurs vêtements sont d'une extrême simplicité et d'une forme invariable. Changer de vêtements, disent-ils naïvement, n'est-ce pas changer de religion? Ce qui est plus désagréable à constater, c'est qu'ils portent nuit et jour ces mêmes vêtements, et ne les lavent jamais pour les faire durer plus longtemps. Les femmes portent sur le front le signe distinctif de leur état : jeunes filles, une barrette rouge brille sur leur longue chevelure; mariées, un long mouchoir leur couvre la tête. Les hommes mettent leur luxe dans leurs armes.

Cette persistance, malheureusement assez triste à observer dans les usages de leur vie matérielle, apparaît avec un caractère touchant dans leur vie morale. Catholiques pour la plupart, et catholiques sincères, ils n'en sont point encore venus à discuter avec les livres des philosophes les croyances de leurs aïeux. Enfants, c'est du prêtre qu'ils reçoivent leurs premières leçons; jeunes hommes, c'est à lui qu'ils confient leurs désirs de mariage; pères de famille, c'est lui qu'ils appellent comme un guide éclairé, comme un ami fidèle dans toutes leurs difficultés et toutes leurs vicissitudes. Pour eux, dit M. Carrara, la parole du prêtre est sacrée, celle de l'évêque toute-puissante, et celle du pape la voix même de l'Esprit-Saint. Sous la loi de leur curé et la direction de leurs parents, ils contractent de bonne heure des habitudes pieuses dont ils ne s'écartent jamais. Ils prient en se levant, ils prient en se mettant à table et le soir avant de s'endormir près de leur foyer. Ils vont à l'église avec joie et célèbrent toutes les fêtes avec bonheur. S'ils se mettent en voyage, ils emportent avec leurs armes de guerre le rosaire, arme spirituelle, et ne passeront point devant une chapelle ou une simple croix sans se découvrir la tête. S'ils rencontrent quelqu'un chemin faisant, ils s'annoncent à lui par un signe d'évangélique confraternité, douce et pure franc-maçonnerie : Gloire à Jésus-Christ ! lui disent-ils. Si c'est à un Morlaque qu'ils adressent cette salutation, il y répondra par ces mots : Gloire à jamais au Christ et à Marie !

Nous devons ajouter qu'à ces religieuses pratiques ils joignent des traditions et des superstitions qui ne sont autorisées par aucun dogme chrétien. Comme toutes les tribus humaines dont la vie se passe dans l'isolement au sein de la nature, et dont l'imagination n'est pas réglée dans son élan, éclairée dans son essor par les leçons positives de la science, les Morlaques ont gardé l'amour du merveilleux. Moins ingénieux que les Grecs et que les races scandinaves, germaniques, anglo-saxonnes, qui ont peuplé l'espace de tant de charmantes fictions, ils n'ont comparativement à ces poétiques nations qu'une mythologie restreinte, mais remarquable par quelques traits caractéristiques. Ils croient, comme les Suédois, les Allemands, les Écossais, à une sorte d'Elfe, de Kobold, qui se montre sous la forme d'un enfant, avec un petit bonnet sur la tête, et peut leur rendre d'importants services. Si dans un moment de besoin ils ont le bonheur de le rencontrer, ils peuvent sans crainte lui demander de l'argent; mais qu'ils se gardent d'accepter sa première proposition! Pour éprouver leur honnêteté, le malin *Macich* (c'est ainsi qu'ils le nomment) leur offrira d'aller lui-même ouvrir les coffres d'un riche voisin. S'ils se laissaient tenter par l'appât de ce larcin, ils en seraient immédiatement punis ; si au contraire ils ne veulent porter préjudice à personne, le Macich, comme un autre Ariel, vole aux bords de la mer et en rapporte des gouttes d'eau qui en tombant entre leurs mains se transforment en beaux écus.

Un autre être qui occupe une grande place dans leur esprit, dans leurs contes et dans leurs chants populaires, est la Wila. Divinité des bois, sérieuse et pensive comme la Hulda de Norvége, mélancolique image de la retraite, comme cet oiseau errant et solitaire auquel les Péruviens ont donné le nom poétique d'*alma perdida*, la Wila apparaît aussi quelquefois dans l'action de la vie humaine. Ses regards s'arrêtent avec complaisance sur un beau cavalier, son cœur s'ouvre par l'admiration du courage au doux rayon de l'amour. Comme une fée du moyen âge, elle cherche à entraîner celui qu'elle aime dans ses demeures mystérieuses. Comme une Walkyrie de l'Edda scandinave, elle le suit dans les batailles, elle le protége par son égide. C'est le bon génie du guerrier audacieux, un génie national, toujours propice à ceux qui ont vaillamment combattu sous l'étendard du Christ, toujours hostile aux Musulmans.

Tels sont, si je ne me trompe, les principaux caractères de la Wila. Les nombreuses traditions qui se rattachent à cette image populaire lui en donnent encore plusieurs autres. Tantôt elles la représentent comme une des muses antiques, éternellement jeune, éternellement belle, assise sous le vert feuillage des collines, avec un léger vêtement sur les épaules et une étoile au front, l'étoile de la pensée; tantôt comme un des sylphes du nord, vivant d'une vie aérienne; tantôt comme une musicienne inspirée par le mélodieux murmure des bois, ainsi que le *Stromkarl* des *Volkvisor* de Suède par le soupir des eaux, mais jalouse de son talent comme une cantatrice de théâtre, et punissant sévèrement ceux qui ont l'audace de vouloir rivaliser avec elle.

Pour mieux glorifier la Wila, ces traditions font remonter son origine jusqu'au commencement du monde. Adam, disent-elles, avait eu de sa féconde union avec notre mère Ève trente fils et trente filles. Dieu lui demandant un jour le nombre de ses enfants, le brave Adam se trouva honteux, comme pourrait l'être en pareil cas un valeureux Morlaque, d'avoir à énumérer tant de filles, les filles ne portant point les armes et ne pouvant point faire peur à l'ennemi. Dans son embarras, il eut la sottise de vouloir en cacher trois, comme s'il était possible de cacher quelque chose à l'œil céleste qui voit tout. Dieu, pour le punir de sa faute, prit ces trois filles, les trois plus belles, et en fit des Wilas. Dès ce moment, elles errèrent dans l'espace, et comme elles vécurent honnêtement, elles ne furent point condamnées à périr dans le déluge. Prévenues, ainsi que le sage Noé, du cataclysme universel, elles entrèrent avec l'air dans l'arche et y restèrent jusqu'à ce que la colombe y apportât la branche d'olivier. De région en région, elles ont volé jusque dans les domaines de l'ancienne Serbie, et c'est là surtout qu'elles se plaisent. Elles ont naturellement la faculté de parler toutes les langues, mais c'est la langue slave qu'elles préfèrent. Comme les Slaves, elles sont devenues chrétiennes, et souvent elles entrent invisibles dans les églises. Les mêmes traditions qui leur attribuent une si lointaine origine disent qu'elles ne peuvent mourir d'une mort naturelle. La vieillesse ne flétrit point les roses de leur figure, les infirmités de l'âge n'altèrent point leurs formes gracieuses. A un moment prescrit, jeunes et belles, elles sont étouffées par un ours ou déchirées par un lion. Rien de vulgaire ne doit entacher leur histoire idéale. Par la peinture de l'Éden commence leur existence, par un tendre rêve elle se continue, par une scène dramatique elle se termine, et pour écarter d'elles jusqu'à la fin toute idée profane, le peuple ajoute qu'après qu'elles ont cessé de vivre, leurs restes disparaissent sans qu'on puisse jamais en retrouver les traces.

Les Morlaques croient aussi, comme les anciens Romains, aux rêves et aux présages. Lorsqu'ils s'absentent de leurs maisons, l'aboiement d'un chien est pour eux un heureux augure; mais si dans le cours d'un voyage ils rencontrent un hibou, rien ne les empêcherait de rebrousser chemin, fussent-ils déjà presque au terme de leur trajet.

Que les esprits forts se raillent de ces superstitions, les plus grands hommes, Socrate, César, Napoléon, Goëthe, en ont pourtant subi l'impression. Pour ces personnages éminents, la superstition ne fut-elle pas comme un signe providentiel de la faiblesse de l'homme jusque dans l'exercice de sa plus haute puissance ? Pour la plupart, n'est-elle pas la manifestation des perplexités d'un caractère délicat, d'un cœur tendre ; pour tous, je ne sais quelle attraction difficile à définir qui ramène l'être terrestre à des espaces surnaturels ?

Comme les Napolitains, les Morlaques croient encore au danger du mauvais œil, et, comme une grande partie de l'Europe des XVI° et XVII° siècles, aux maléfices des sorciers. Leurs sorcières ont de plus que celles du Bloksberg une raison de méchanceté particulière. Ce sont de vieilles filles qui, n'ayant pu trouver sur leur route un brave homme assez complaisant pour les épouser, se vengent sur un village tout entier de la honte d'avoir été ainsi délaissées. Plus redoutable que les sorcières est la Mara. Jeune encore, aimante, dédaignée de celui qui lui a inspiré une fatale passion, elle vient la nuit le torturer par un affreux cauchemar.

Le dogme de l'expiation, qui éclate si fréquemment et en images parfois si saisissantes dans nos légendes du moyen âge, depuis les rives de la mer Baltique jusqu'à celles de la Manche, se représente assez souvent dans les idées superstitieuses des Morlaques; leur vampire en est un exemple. Leur vampire n'est point cet animal à la langue aiguë qui existe réellement dans les régions des Andes et dont M. Tschudi nous a donné dans son *Voyage au Pérou* une exacte description : c'est un homme qui, ayant vécu d'une mauvaise vie, est condamné à ne point goûter en paix le sommeil du tombeau. Tourmenté d'une soif effroyable, il se lève dans les ténèbres, pénètre dans les cabanes et y suce le sang des enfants, comme pour assouvir les fureurs que lui cause leur innocent repos. Quand les Morlaques soupçonnent un cadavre nouvellement enseveli d'entreprendre ces horribles promenades, ils vont avec le prêtre l'exorciser dans le cimetière, et quelquefois, pour plus de sûreté, ils lui plantent un pieu en pleine poitrine afin de le clouer à sa fosse.

Au foyer des Morlaques, on raconte très-sérieusement ces histoires de vampires, de sorcières. Si ce foyer n'est pas élégant, si les gens qui l'entourent portent des chemises trop économiquement soustraites à l'action du battoir et de la potasse, c'est une impression à laquelle il faut se résigner. Bientôt on l'oubliera en regardant ces hommes à la taille élancée, aux membres musculeux, à la physionomie honnête, et ces femmes dont la pure et franche beauté éclate sans le moindre artifice, par la richesse de leur nature, sous leurs pauvres vêtements, comme une verte plante dans les lézardes d'une masure, ou un bouquet de fleurs dans un vase grossier.

L'étranger qui entrera en ami dans une de ces cabanes y sera reçu avec un mâle et digne sentiment d'hospitalité. L'homme a besoin de l'homme, dit le *Havamal* islandais, et les Morlaques en voyageant dans leur âpre région, où il n'y a ni auberges ni caravansérails, ont trop éprouvé par eux-mêmes le plaisir de pouvoir s'abriter après une journée de marche sous un toit généreux, pour ne pas accorder la même satisfaction à celui qui vient la leur demander. L'hospitalité est d'ailleurs une des vertus caractéristiques des Slaves. On la trouve inscrite en traits saillants dans leurs plus anciennes chroniques, poétisée dans leurs ballades, consacrée par des légendes religieuses. Il n'y a pas très-longtemps que les Slaves de Mecklembourg s'en faisaient encore un si grand devoir, que lorsqu'ils étaient obligés par leurs travaux champêtres de quitter leurs demeures, ils en laissaient la porte ouverte et posaient sur leur table du pain et du lait pour le voyageur qui en leur absence pouvait souffrir de la soif et de la faim.

Au foyer des Morlaques, comme jadis à celui des patriarches, préside l'ancien de la famille, le *Staresina*. C'est lui qui dirige le mouvement de la maison et les affaires extérieures, qui le matin fait à haute voix la prière, bénit le repas, règle chaque jour la tâche, le devoir de chacun des membres de sa petite communauté, contrôle leur travail, gouverne toutes choses et fait les honneurs de son logis à l'étranger. Dès que vous aurez franchi son seuil, vous le verrez là gravement assis comme un roi qui ne connaît rien des agitations parlementaires, comme un roi dont le pouvoir repose sur le respectueux et affectueux dévouement de ses sujets.

Si vous avez le bonheur d'arriver dans un de ces humbles domaines en un de ces moments solennels de la vie, en un jour où elle est illuminée par l'éclat d'un mariage, vous serez là témoin d'une coutume touchante. En revenant de l'église, la jeune femme est conduite à la maison de son beau-père par les amis de son mari, qui ne cessent de tirer des coups de fusil, comme pour prouver, par l'ardeur avec laquelle ils l'accompagnent sur son doux sentier matrimonial, l'ardeur avec laquelle ils la défendraient en un péril. Arrivée à l'entrée de sa nouvelle demeure, elle s'incline jusqu'à terre et baise le seuil de la porte pour faire voir qu'elle ne le franchira qu'avec une humble pensée de reconnaissance et de soumission. On lui présente alors un enfant, qu'elle berce dans ses bras pour montrer qu'elle comprend sa future mission de femme ; puis sa belle-mère lui apporte, comme un symbole d'un de ses devoirs de mariage, une corbeille remplie de fruits secs qu'elle distribue autour d'elle pour indiquer que l'abondance entre avec elle dans la maison.

Le soir, vous verrez un des chantres ambulants de la contrée, aveugle peut-être comme le vieil Homère, prendre entre ses mains la *guzla*, espèce de guitare à une corde, instrument musical des plus primitifs. Il s'assoira comme un improvisateur italien ou comme un conteur de caravane au milieu d'un cercle attentif, et d'une voix lente, monotone peut-être dans les premières modulations, mais qui peu à peu s'anime et arrive quelquefois à l'ardent accent de l'enthousiasme, vous l'entendrez répéter les chants de sa tribu, chants de combats et chants d'amour, stances héroïques qui racontent les guerres des Chrétiens contre les Turcs; stances plaintives qui, d'âge en âge, rappellent aux auditeurs émus un grand deuil, une douleur profonde.

C'est là que Fortis a recueilli l'élégie de la femme de Hassan-Aga, ignorée avant lui hors des limites de la Morlaquie, et depuis traduite dans toutes les langues de l'Europe. Je cours risque de faire une œuvre fort inutile en la traduisant de nouveau, mais je ne puis résister au désir de citer cette élégie, l'une des plus simples et des plus pathétiques qui soient sorties de l'âme d'un peuple :

« Que voit-on de blanc dans la verte forêt de la montagne? Est-ce de la neige ? est-ce une nuée de cygnes? Si c'était de la neige, elle serait fondue; si c'étaient des cygnes, ils se seraient envolés. Ce n'est pas de la neige, ce ne sont pas des cygnes. C'est la tente de l'aga Hassan, où il s'est retiré souffrant d'une profonde blessure. Sa mère et sa sœur ont été le visiter. Sa femme, par pudeur, n'a osé faire comme elles.

« Quand l'aga est guéri, il envoie cet ordre à sa fidèle épouse : « Ne te présente jamais dans ma blanche demeure, jamais dans ma blanche demeure, ni parmi les miens. »

« A ces mots, la femme d'Hassan-Aga est atterrée par la douleur; puis, bientôt entendant résonner dans la cour le sabot d'un cheval, elle s'élance éperdue vers la tour, elle veut se précipiter par la fenêtre. Ses deux filles la suivent en lui disant : « Reviens à nous, chère mère, ce n'est point notre père qui entre dans la cour, c'est notre oncle, le bey Pietronitz. »

« L'épouse d'Hassan-Aga va se jeter en pleurant au cou de son frère. « O mon frère, s'écrie-t-elle, oh! quelle honte! il m'éloigne de mes cinq enfants! » Le bey reste muet. Il reste muet, et de sa poche en soie tire la lettre de divorce qui permet à sa sœur de retourner chez sa mère et de prendre un autre époux.

« Quand la femme d'Hassan a lu cette lettre, elle baise sur le front ses deux fils, et sur leurs joues roses ses deux filles; mais du petit enfant qui est au berceau, elle ne peut se séparer. Son frère, enfin, la prend par la main, l'arrache avec effort à cet enfant, la fait monter à cheval derrière lui et l'emmène dans sa blanche demeure.

« Peu de temps après, peu de temps, pas même huit jours, la noble femme d'une noble origine est demandée en mariage de tous côtés, et par le puissant cadi d'Imoskhi. « Je t'en conjure, dit-elle à son frère, ne me remarie pas, pour que mon cœur ne se brise pas à la vue de mes orphelins. » Son frère n'écoute pas ses supplications, et la fiance au cadi d'Imoskhi.

« Alors elle lui adresse cette nouvelle prière : elle le prie d'écrire au cadi cette lettre : « Ta jeune femme te salue affectueusement et t'envoie cette demande; elle désire que quand tu viendras, le jour du mariage, la chercher dans sa blanche demeure, tu lui apportes un long voile, pour qu'elle se cache le visage en passant devant la maison d'Hassan-Aga pour qu'elle ne voie pas ses orphelins. »

« En recevant cette lettre, le cadi convoque tous ceux qui devaient l'accompagner à ses noces et revient avec eux chercher sa fiancée. Ils arrivent gaîment à sa demeure; ils s'en retournent gaîment avec elle.

« Mais lorsqu'elle passa devant la maison d'Hassan, ses deux filles la virent par la fenêtre; ses deux fils s'avancèrent sur la porte et lui dirent : « Reviens avec nous, chère mère, reviens partager notre repas. »

« La femme d'Hassan écoute, et, se tournant vers le stariswat, vers le chef de la cérémonie nuptiale : « Stariswat! s'écrie-t-elle, ô toi qui es mon frère en Dieu! permets que nous nous arrêtions un instant ici, pour que je fasse quelques présents à mes orphelins. »

« Et les chevaux s'arrêtent, et la mère distribue les présents à ses enfants. A ses fils, elle donne des chaussures en cuir doré ; à ses filles, de robes ; à son petit enfant, un vêtement de soie.

« Hassan le voit et dit à ses fils : « Revenez près de moi pauvres orphelins ; votre mère n'aura point pitié de vous, car elle n'a qu'un cœur de pierre.

« A ces mots, la malheureuse mère tombe la face contre terre, et son âme se détache de son corps, par la douleur que lui cause l'éloignement de ses enfants. »

Je reviendrai plus longuement sur ces traditions et sur ces chants, qui n'appartiennent qu'en partie aux Morlaques, qui sont le vaste et poétique domaine de toute la nation serbe, jadis réunie en un puissant royaume, et maintenant divisée, des rives du Danube à celles de l'Adriatique, en plusieurs tribus.

X

LUSSINO. — LES USCOQUES

X.

LUSSINO. — LES USCOQUES.

Le Lloyd, cette active et intelligente société à laquelle Trieste doit en grande partie sa nouvelle impulsion commerciale, a fait une œuvre des plus importantes pour la Dalmatie. Il lui a donné une faculté de locomotion qu'elle n'avait jamais eue; il a jeté sur ses côtes un lien qui rapproche les villes l'une de l'autre et les rejoint au chef-lieu du littoral autrichien. Sur terre, point de route; sur mer, la lente navigation des bâtiments de cabotage, voilà où en était naguère la Dalmatie. Le Lloyd y a établi un service régulier de bateaux à vapeur, et, si en le créant il a pensé faire une bonne œuvre, il doit reconnaître qu'il a été très-amplement récompensé de sa vertu. Chacun sait qu'en multipliant les moyens de communication on multiplie par là même la masse première des voyageurs. Tel bourgeois qui ne se souciait nullement de monter sur un lourd paquebot ou de s'enfermer dans une grossière patache, se sent peu à peu ébranlé par le sifflet d'une locomotive et vaincu dans ses habitudes casanières. Tel autre qui se contentait de négocier à distance ses affaires par lettres, trouve qu'il est plus commode et plus avantageux pour lui d'aller en personne les traiter sur les lieux où un élégant bateau le conduit si vite. N'a-t-on pas vu en Algérie nos modes élémentaires de locomotion, nos simples diligences, subjuguer jusqu'à la tenacité musulmane, et emporter dans leurs parois des Arabes très-surpris d'abord, puis bientôt charmés de cette nouvelle façon de traverser l'espace?

La même conquête sur les mœurs d'une population apathique s'est opérée promptement en Dalmatie. Le Lloyd a commencé par lancer deux petits bateaux qui ne faisaient qu'un trajet tous les quinze jours, puis il a dû prendre des bateaux plus considérables et les expédier chaque semaine. Cette année, il les expédiera huit fois par mois, tant le nombre de ses passagers et de ses colis s'est accru. Sa ligne de navigation dalmate est avec la ligne de Venise la plus fructueuse de toutes celles qu'il a si habilement construites de côté et d'autre. Quoiqu'il soit tenu de faire gratuitement dans toutes ses stations le service de la poste, il retire de son entreprise un bénéfice qui, d'année en année, ne fait que s'accroître.

Le jour où je me suis embarqué sur un de ces laborieux bâtiments, je ne sais comment j'aurais pu parvenir à m'y procurer une place, si un des employés du Lloyd à qui M. de Bruck avait eu la gracieuseté de me recommander, n'eût bien voulu me servir lui-même de guide et me chercher une cabine. Le port était surchargé de sacs, de tonnes, de ballots de toute espèce, jonché d'une masse compacte de passagers.

Une fois mon installation faite tant bien que mal dans une sorte de tiroir servant de couchette, l'aspect de la fourmilière avec laquelle je me mettais en route ne pouvait manquer de m'intéresser. Dans chaque pays le bateau à vapeur a sa physionomie particulière. C'est un petit monde ambulant, détaché de la contrée que l'on parcourt ou des contrées voisines, et qu'on ne retrouve point dans d'autres parages. C'est une peinture locale en voyage.

« Voyage, dit un proverbe turc, la perle voyage et monte au front des rois. » Tous ceux qui s'éloignent de leur foyer n'ont pas, je suppose, la prétention de ressembler à des perles, et toutes les perles n'aspirent pas à être incrustées dans le diadème des rois. Il en est, si je ne me trompe, qui préféreraient simplement s'attacher à la cravate d'un savant ou au collier d'une jeune fille. Mais, tout être humain a d'une façon ou de l'autre son rayonnement, et le bateau à vapeur présente, dans un cadre étroit, un assemblage d'êtres humains de plusieurs espèces. Le nôtre emporte des Italiens qui vont et viennent sans cesse, parlant à haute voix et gesticulant comme s'ils étaient sur un marché ; des Grecs aux vêtements élégants, à la figure grave, qui s'assoient en silence à l'écart et fument leur chibouk avec une placidité orientale ; des étudiants dalmates qui reviennent de la capitale de l'empire autrichien, habillés selon les dernières prescriptions du journal des modes, et qui s'entretiennent des plaisirs du *Burgtheater*, des charmes du *Graben*, avec un abandon qui prouve que s'ils ne rapportent point dans leur pays la science universitaire, ils y rapportent au moins une assez jolie variété de connaissances. Près d'eux apparaissent debout, comme des statues d'Hercule immobiles et froides, des paysans des régions alpestres de la Dalmatie. Ils sont enveloppés dans des manteaux à longs poils qu'on prendrait pour des peaux d'ours. Quelle raison pressante a pu les déterminer à quitter le sol qui leur est si cher pour entreprendre ce voyage nautique ? Je ne sais. Mais à voir le morne dédain avec lequel ils promènent leurs regards autour d'eux, il est aisé de reconnaître qu'ils gardent fidèlement toute leur estime pour leurs montagnes.

La nature, dans sa magnifique étendue, offre à l'amour de l'homme deux grandes pages de poésie : celle des montagnes et celle de la mer.

A des peuplades entières, une de ces poésies suffit. A des cœurs plus larges ou moins aisés à satisfaire, il les faut toutes les deux.

Très-singulières sont la plupart des figures que je découvre autour de moi, et très-singuliers leurs costumes. Quelques-unes me frappent par leur calme impassible ; d'autres se détachent avec une étrange expression de vigueur sous le capuchon du burnous qui les voile, comme ces dessins d'une main de maître qu'un ingénieux lavage fait revivre en les dégageant d'une grossière couche de peinture. Mais celui qui des bords du Rhin viendrait tout droit sur ces côtes de la Dalmatie avec les fraîches images qui ont souri à ses yeux et se sont imprimées dans son esprit, celui-là, à quelques centaines de lieues de distance, éprouverait probablement une fort désagréable surprise. Là-bas, les attrayants bateaux, voguant comme des salons mobiles au pied des vertes collines de Rudesheim, des rocs poétiques de la Lore Lay conduisant de cité en cité, de légende en légende, les artistes en congé, les hauts fonctionnaires en vacances, et, qui plus est, les belles dames de Paris, ces fleurs inimitables de la vraie grâce et de la vraie élégance; ici, au contraire, de lourds bâtiments qui n'ont qu'une patiente mission de commerce à remplir, qui ne trouvent qu'un pauvre pays, et ne servent de moyen de correspondance qu'à une pauvre population, si habituée à sa pauvreté native que ceux d'entre eux à qui, par hasard, il arrive de rencontrer sur leur chemin la capricieuse fortune, recueillent ses dons et oublient d'en jouir.

Sur mon bateau, deux jeunes Morlaques attirent l'attention générale; la fièvre de l'or les a un beau jour emportés de leur âpre terre natale jusque sur la plage de San-Francisco, et comme ils ont été habiles, très-habiles malgré leur sauvagerie, ils en reviennent, dit-on, avec un capital de 300 000 florins. Cette richesse n'a point changé leurs anciennes habitudes d'économie; ils portent à leur chemise, en guise d'épingles, deux énormes pépites; mais ils ne se sont point donné le luxe de s'installer aux premières places; ils campent sur le pont, pêle-mêle avec tous les passagers condamnés, par l'exiguïté de leurs ressources à ce poste inférieur. C'est, du reste, une chose touchante à observer que les témoignages d'affection réciproque de ces deux jeunes Dalmates qui ont bravé ensemble tant de périls, et qui reviennent ensemble au même port. Uniquement occupés l'un de l'autre, ils ne se joignent à aucun groupe et ne se quittent pas un instant; ils descendent en même temps dans leurs cabines, remontent en même temps sur le pont, et souvent je les vois assis sur un banc se tenant la main, comme deux tendres fiancés.

Ces deux Morlaques, si étroitement unis sont deux frères, non de naissance, mais d'adoption, deux *Pobratimi*. Par un heureux hasard, j'avais devant moi un exemple vivant d'une imposante coutume que les historiens antiques ont signalée parmi les Scythes, et qui existe pleinement encore dans la Morlaquie. Les Scythes, peuple guerrier, peuple primitif, comme les Morlaques, formaient entre eux souvent quelques-unes de ces fortes alliances, et pour leur donner une puissante solennité, les consacraient par le sang qu'ils faisaient couler de leurs veines dans un même vase, par le sang, leur fluide vital, où ils trempaient à la fois leurs glaives.

Les Morlaques n'ont point connu, ou n'ont point gardé dans leur pacte de confraternité, ce signe matériel. Disciples de l'Évangile, ils ont trouvé dans la parole du prêtre, dans une cérémonie religieuse, une sanction plus imposante de leur volontaire union.

Quand deux Morlaques ont résolu de former ensemble cette union, ils en font une sorte de mariage. Au jour qu'ils ont fixé d'un commun accord, ils se rendent à l'église accompagnés de leurs parents et de leurs voisins; ils assistent à la messe, tenant un cierge allumé; le prêtre leur donne ensuite sa bénédiction, et devant l'autel et devant Dieu, qui sonde les cœurs et les reins, ils jurent de s'entr'aider de tout leur pouvoir dans le cours de cette vie terrestre, et de se rester fidèles jusqu'à la mort. Au sortir de l'église, ils sont salués par des coups de pistolet et des coups de fusil, par d'affectueuses acclamations, comme de jeunes époux; puis ils s'en vont dans leur famille prendre la place d'honneur à un repas préparé pour eux comme un repas de noces.

Désormais, joies et douleurs, espérances et déceptions, tout doit être par eux également senti. Ils ne peuvent plus avoir qu'un même bien et qu'un même intérêt ; à toute heure du jour ou de la nuit, en toute occasion, ils doivent avoir l'un dans l'autre pleine et entière confiance ; dans une guerre ils doivent combattre l'un à côté de l'autre, et si l'un des deux vient à succomber, l'autre est tenu de venger sa mort.

Fortis dit que si l'un de ces *pobratimi* vient à trahir son ami, c'est, dans tout le district témoin de ses promesses, un affreux scandale.

Les Morlaques ont ainsi, dans la simplicité de leur nature primitive, réalisé ce que les poëtes ont si souvent dit des rêves inquiets d'une âme qui, dans le vague espace, cherche une autre âme sa sœur, et ce que Goëthe a, jusqu'à la licence, développé dans son roman des *Affinités électives*.

Tout ce que j'ai entendu raconter le long de mon voyage sur ces tendres associations ne me permet pas de douter de la fidélité des Morlaques à tenir leurs serments de confraternité. Une fois leur pacte conclu, ils restent vraiment amis, des amis comme ceux que La Fontaine a décrits en vers si charmants.

Les heureux enfants de la Morlaquie! Comme leurs cabanes sont toutes éloignées l'une de l'autre, ils n'ont jamais, dans leur confraternité, senti poindre le germe processif, le germe vénéneux qui naît d'un mur mitoyen, et comme ils sont humblement soumis au gouvernement autocratique de l'Autriche, ils n'ont point subi la redoutable rivalité d'une candidature dans le régime constitutionnel.

Tandis qu'on relate autour de moi ces usages des Morlaques, notre bateau, qui jusque-là s'était honnêtement comporté, commence à danser d'une façon qui, pour les gens accessibles au mal de mer, ou sensibles aux maux d'autrui, rend le séjour du pont très-peu commode; c'est le sirocco qui de nouveau s'est mis à exercer la force de ses poumons, qui siffle et mugit comme un millier de soufflets de forge, et soulève la mer droit devant nous.

Les marins du pays dépeignent, en trois petites sentences populaires, l'idée qu'ils se font des effets progressifs du sirocco.

> Il primo giorno icapile,
> Il secondo, scampi ;
> Il terzo, salvati.
>
> Le premier jour, prends l'eau ;
> Le second, échappe-toi ;
> Le troisième, sauve-toi.

Nous n'en sommes encore qu'au premier jour, ce qui est rassurant ; mais nous avons à traverser le Carnero, et c'est une fort désagréable perspective.

Le Carnero est un large golfe, qui de la pointe de Pola s'étend jusqu'à Fiume, et s'arrondit au pied d'une côte aride, escarpée ; son enceinte est traversée en plusieurs sens par l'île de Veglia, par la longue île échancrée de Cherso, par plusieurs autres petites îles de rocs qui sont comme des fragments détachés d'une chaîne de montagnes, enlacés par la mer, rongés par les eaux, dépouillés par les violences de la bora, par l'haleine funeste du sirocco, de tout arbre et de toute végétation. Dante plaçait là les limites de l'Italie :

> Il Quarnero
> Che l'Italia chiude ei suoi termini bagna.

Quelques étymologistes, qui probablement avaient traversé ce golfe par un temps fâcheux, disent que son nom vient de *Carnivoro*, et que c'est là une vraie désignation de la rage avec laquelle cette baie atroce engloutit les barques dans ses vagues, et dépèce les pauvres cadavres humains sur ses rocs. Il est plus probable que ce nom de Carnero vient du mot *Car*, par lequel les Celtes indiquaient un terrain nu, rocailleux, et qui se retrouve encore dans les noms de Carst, Carniole, Carinthie.

Si cette étymologie est plus juste, l'autre plaira toujours mieux à l'imagination du peuple, qui y trouve un sens expressif. Le fait est que dans les contours de l'Adriatique, le Carnero est le point le plus orageux, le plus tourmenté par la bora et le sirocco. Lorsque ces deux vents éclatent dans le golfe de Trieste ou de Venise, ils soufflent en liberté devant eux et s'affaiblissent peu à peu dans l'espace. Ici, ils sont comprimés par la hauteur des montagnes, lancés sur les îles, refoulés par les côtes d'Istrie et, dans ces remparts qui les étreignent, se débattent avec fureur, soulèvent les vagues en sens contraire, et font un tel vacarme qu'autrefois on l'attribuait à un affreux acte de sorcellerie.

Le sirocco, qui cette fois se livrait à ses prouesses dans le Carnero, n'a cependant rien brisé sur notre bateau; mais comme il s'obstinait à souffler droit devant nous, et que notre petite machine de cent cinquante chevaux était impuissante à lutter contre un tel athlète, nous avons été nous réfugier dans la baie de Lussino, une de ces baies encloses de tout côté et auxquelles on donne dans le pays, par une métaphore poétique, le nom de *vallées*. Au milieu des collines dénudées qui les entourent, elles ressemblent par les profondeurs de leurs eaux à de vertes prairies. Elles offrent au navigateur surpris par l'orage un doux asile. Tandis que près de là gronde la tempête, elles restent calmes et riantes dans leurs fermes remparts. Elles donnent sa récolte au pêcheur qui les parcourt avec sa chaloupe, comme d'autres au laboureur qui les sillonne avec sa charrue et portent à leur surface une forêt de mâts mobiles comme d'autres une forêt d'arbres vivants.

Si plusieurs de mes compagnons de voyage ont maudit le séjour qu'ils devaient faire dans une petite ville où ils ne trouvaient pour occuper leurs loisirs qu'une triste auberge et un mauvais café, j'étais pour mon compte fort satisfait de cette halte inespérée. Jusque-là, je n'avais pu observer qu'à distance des cités et des îles d'un aspect désolé. J'allais voir un curieux exemple de ce que l'intelligence de l'homme peut faire dans une situation difficile, sur le sol le plus aride.

Il existe à cette extrémité du Carnero deux villes qui portent le nom de Lussino; l'une, plus ancienne, y ajoute l'épithète de *Grande*; l'autre s'appelle modestement *Lussino Piccolo*. Mais comme, selon les paroles de la Bible, les grands seront abaissés et les petits élevés, Lussino Grande n'est plus aujourd'hui qu'une pauvre chétive bourgade, et Lussino Piccolo, qui n'était au siècle dernier qu'un humble village de pêcheurs, est devenu une importante cité.

C'est un prêtre qui lui a donné cette heureuse impulsion, un prêtre instruit, zélé, qui ayant par un penchant particulier étudié les mathématiques et les lois de la mécanique, se réjouit d'enseigner à ses paroissiens ce qu'il avait appris, et fit de son école de village une école de marine. Grâce à ses leçons, à ses conseils, les Lussiniens entrèrent avec plus d'assurance et d'habileté dans la vie nautique. Ils se mirent à construire des chaloupes, des bricks, voire même de gros navires, les équipèrent et les gouvernèrent eux-mêmes. Un premier succès les conduisit à une entreprise plus hardie. D'année en année, on vit leur esprit de spéculation se développer avec leur fortune, et le nombre de leurs bâtiments s'accroître. Maintenant ils ne possèdent pas moins de cent trente bons navires qu'ils prêtent à quiconque en a besoin, et avec lesquels ils naviguent dans tous les parages. Ce sont les charretiers de la mer, et la ville à laquelle ils appartiennent peut bien s'appeler la ville des veuves. Tous les hommes s'embarquent dès qu'ils en trouvent l'occasion et ne reviennent que de loin en loin, à moins que le fret ne leur manque ou que leur navire n'ait besoin de réparations. En 1848, par suite des inquiétudes du commerce et de la révolution de Venise, ils rentrèrent presque tous au port, et y stationnèrent longtemps dans une morne inaction. Aussi ne parlent-ils de cette année de misère qu'avec un profond ressentiment. D'ordinaire il ne reste dans la ville que les femmes, gardiennes du logis, les vieillards qui ne naviguent plus, et les enfants qui ne naviguent pas encore.

Lorsqu'un des navires de Lussino revient dans la rade, quelle émotion dans toute la petite ville, et quelle joie dans plusieurs maisons! Officiers et matelots, chacun de ceux qui se trouvent sur ces planches flottantes, a là sur la côte son intérêt de cœur, ses souvenirs d'enfance, sa mère ou sa sœur, sa femme ou sa fiancée, et chacun d'eux porte une offrande à ses dieux pénates, le fruit de son labeur à ses vieux parents, et quelque objet de luxe des contrées étrangères à la jeune fille qui par la pensée l'a suivi dans son lointain trajet.

J'ai souvent entendu dans l'intérieur des villes continentales de braves gens que l'aspect de l'Océan épouvante, faire de très-honnêtes lamentations sur le sort des marins et surtout sur l'existence de leurs femmes. Si touchante que puisse paraître cette commisération, je la crois exagérée et souvent très-mal appliquée. J'ajouterai même que la vie du marin pourrait être, eu égard à notre infirmité humaine, considérée comme une assez sage combinaison, comme un moyen de fixer la petite part de bonheur que chacun de nous peut avoir en ce monde. J'ai l'air de me lancer à pleines voiles dans le défilé d'un paradoxe, comme une barque de Lussino dans les étroits passages du Carnero. Je me hâte donc de m'expliquer.

L'homme est ainsi fait qu'il ne jouit pas longtemps sans trouble de la position à laquelle il a le plus aspiré. Ou il y sent poindre comme une épine une sollicitude imprévue, ou il est exposé par le calme de son bien-être à s'engourdir dans l'habitude. Pour nos pauvres incomplètes organisations, l'habitude la plus estimable peut devenir un écueil. Par l'habitude de le regarder matin et soir, le pays le plus beau peut se décolorer à nos yeux; par l'habitude de rester trop assidûment près d'elle, la femme dont on a contemplé avec admiration les charmes peut perdre graduellement son prestige.

Le marin, par quelques mois, par quelques années de séparation, échappe à cet écueil. Après les privations qu'il a subies sur son navire: l'étroite cabine, l'eau saumâtre, la viande salée, qu'il est doux pour lui de retrouver la maison natale avec ses soins affectueux! Après les longs regrets qu'une femme aimée jette dans le cœur par son dernier sourire, par son dernier regard, quel bonheur de la revoir dans la splendeur de la joie briller comme une étoile au bord de la plage, ou apparaître au seuil de sa porte comme l'ange du foyer! Quels charmants récits à lui faire des lieux lointains qu'on a parcourus, des vicissitudes par lesquelles on a passé, et quels récits à entendre de ses heures solitaires résignées, puis des enfants qui ont grandi, et des améliorations qu'elle a faites dans l'arrangement de la maison!

Après ces longues narrations, souvent interrompues et souvent répétées, comme ils s'applaudissent de leur destin, les deux époux qui reconnaissent qu'à distance chacun d'eux a fait son devoir, et avec quelle confiance ils resserrent les liens qui les unissaient!

Aux mariages les mieux assortis, on n'assigne qu'une lune de miel qui souvent finit bien vite pour ne plus se renouveler. Les marins ont autant de joies printanières, autant de lunes de miel qu'ils reviennent de fois au giron de la famille après une heureuse traversée.

Pour qu'il en soit ainsi, il faut, il est vrai, supposer des natures vertueuses, et la ville où j'essaye de tracer cette esquisse est une ville vertueuse. Nulle part je n'en vis une si paisible. On n'y entend ni bruit ni rumeur; les femmes, qui forment une grande partie de sa population, y vivent entièrement comme des veuves. Le soir, vers les huit heures, toutes les portes sont closes, les lumières s'éteignent, et peu à peu chaque famille s'endort comme une couvée d'oiseaux.

La plupart de ces familles ont conservé entre elles un usage qui n'a pas peu contribué à la prospérité de Lussino. Elles habitent patriarcalement sous le même toit, autant que la largeur de la maison le leur permet. Si par plusieurs mariages successifs elles sont forcées de se disjoindre, elles restent pourtant associées au même intérêt. Les grands parents, les gendres placent ensemble leurs capitaux dans des spéculations maritimes. Si l'une échoue, l'autre peut réussir. Si la fortune les favorise sur tous les points, ils organisent amicalement entre eux une tentative plus hardie. Ils commencent par construire une barque de cabotage, puis un bâtiment plus large; puis ils en viendront à posséder un navire dont un des leurs sera capitaine, et où les plus jeunes feront leur apprentissage de marins. Une fois qu'ils en sont là, ils ne s'arrêteront pas dans leurs succès, ils combineront d'autres projets et les mettront bravement à exécution. De même que la maison Rothschild a dans un lien fraternel enlacé les grands comptoirs de l'Europe, de même on peut voir ici plusieurs familles représentées par un fils, par un frère ou un proche parent dans plusieurs ports éloignés. A mesure que leur richesse s'augmente, elles en appliquent une partie à agrandir leur demeure, à la parer des objets de luxe que leurs navires rapportent des pays étrangers. Tandis qu'elles lancent leurs voiles au loin, leur ambition est d'avoir près d'elles un champ, un jardin, et Dieu sait ce qu'il leur en coûte pour réaliser un tel rêve.

La ville de Lussino est bâtie en amphithéâtre sur les contours d'une colline où Deucalion trouverait assez de pierres pour créer après un nouveau déluge une nouvelle race d'hommes, mais peu de chose pour les nourrir. De tout côté on ne voit que des pierres. C'est sur cette base peu propice à la végétation que les Lussiniens veulent voir fleurir des plantations. Ils entourent d'un mur épais un carré de terrain, ils y étendent des couches de terre, et lorsqu'enfin ils ont la joie de voir verdir sous leurs fenêtres quelques têtes de choux, quelques pieds de vigne ou d'olivier, ils ne donneraient pas ces précieux jardins pour ceux de Sémiramis.

Dans ce même golfe de Carnero, où j'ai eu un si grand plaisir à voir ce modèle de petite ville, il est plusieurs points auxquels se rattache une curieuse page d'hisoire. Dans l'île de Cherso, qui touche à celle de Lussino, Médée accomplit, dit la tradition, une des péripéties de sa vie tragique. Dans l'île de Veglia, jetée comme un triangle au fond de la baie, il y avait autrefois une forme de gouvernement assez remarquable. C'était une république composée de nobles et de plébéiens. Les nobles élisaient une partie des magistrats; le peuple élisait l'autre. Au-dessus de ces fonctionnaires s'élevait le chef de l'État, qui portait le titre de comte, et qui était investi de son pouvoir pour un an.

Au XII° siècle, la petite république, exposée aux invasions des corsaires, et n'étant pas assez forte pour se défendre, sacrifia son indépendance à sa sécurité, et se plaça sous la protection de Venise.

En 1260, le sénat la donna en fief aux deux frères Frangipani et faillit la perdre. Un jeune érudit a recueilli, sous le titre de *Memorie istoriche*, plusieurs documents sur l'ancien État de la Dalmatie : on y lit avec intérêt la narration d'un commissaire délégué en 1481 par la seigneurie de Venise pour rétablir l'autorité de la république dans l'île de Veglia.

Le digne commissaire raconte naïvement comment un des Frangipani s'alliait aux Hongrois, quoiqu'il fût vassal de Venise : « Son inclination naturelle le portait, dit-il, vers leurs manières barbares. » Plus loin, il relate les rapines, les crimes du dernier de ces seigneurs, qui était vraiment un grand coquin. Mais ce qui excite au plus haut degré l'indignation du fidèle délégué de la République, c'est lorsqu'il en vient à parler des pirateries organisées ou encouragées par le comte Zuane. Deux nobles vénitiens furent chargés de lui faire à ce sujet de sévères représentations ; et comme l'orgueilleux Zuane paraissait fort peu touché de leurs raisonnements, ils ajoutèrent que la seigneurie de Venise ne le laisserait pas impunément outrager ses droits de juridiction. « Et qui donc, s'écria le comte, a donné à Venise la souveraineté de la mer ? — Sa Sainteté le Pape, répondirent les deux envoyés. — Le Pape, répliqua l'audacieux vassal, ne peut donner ce qui ne lui appartient pas. »

Zuane était trop faible pour se défendre dans sa révolte. Il fut expulsé de ses domaines, et l'île de Veglia fut soumise à l'autorité absolue de Venise.

Au bord du même golfe, entre Veglia et Arbe, sur la terre ferme, est la petite ville de Segne, jadis retraite des Uscoques, ces fameux pirates de l'Adriatique.

Les Uscoques étaient, comme les Morlaques, des Slaves fuyant avec un profond sentiment de haine la tyrannie des Turcs. Leur nom signifie fugitifs ou déserteurs. Et il est curieux de remarquer en passant quelle grande place les fugitifs occupent dans les traditions de l'Adriatique. Par des fugitifs ont été peuplées les lagunes et la fière cité de Venise, et les murs de Raguse; par des fugitifs, les montagnes de Zara et de Spalato. Des fugitifs ont fait une ville du palais de Dioclétien, et l'on composerait une longue liste des rois, des princes, des prélats qui, à diverses époques, sont venus chercher un asile dans le port de Venise ou dans les remparts de Raguse.

A travers ces diverses agglomérations de fugitifs apparaît, avec une brillante auréole la tribu des Uscoques. Dans les grandes commotions du XVI° et du XVII° siècle, elle attire forcément les regards vers son étroite arène. Très-peu nombreuse, elle soulève à la fois contre elle deux ennemis puissants. Elle épouvante les Turcs ; elle outrage les Vénitiens ; elle occupe la diplomatie des archiducs d'Autriche, du pape, et enfin du roi de France. En réalité, les Uscoques se trouvaient soutenus par la rivalité des deux États. L'Autriche, tout en essayant de temps à autre de réprimer leurs déprédations, et en les menaçant de sa colère, aimait à les voir guerroyer contre l'orgueilleuse Venise ; et Venise, tout en se promettant de les chasser de leur repaire, reculait devant cet acte décisif, de peur d'ouvrir aux Turcs une porte en Italie. De part et d'autre, on avait recours aux négociations, et, pendant que les cabinets rédigeaient leurs notes, échangeaient leurs propositions, les Uscoques continuaient leur vie d'aventures, vie de pirates audacieux et farouches, éclairée par des actes d'une bravoure étonnante et souillée par d'atroces brigandages.

La première place considérable où les Uscoques entrèrent après avoir campé sur plusieurs points de la Dalmatie fut la forteresse de Clissa. Pierre Crusich, qui y commandait au nom du roi de Hongrie, leur en ouvrit les portes avec joie, espérant faire avec eux de fructueuses excursions sur la frontière. Il fut trompé dans son attente. Les Turcs, furieux de le voir donner asile à leurs ennemis, assiégèrent la citadelle, la prirent, et le malheureux Crusich paya de sa vie son imprudence.

Minuccio Minucci, qui a écrit une longue et minutieuse histoire des Uscoques, cite un épisode de ce siége qui rappelle une des pages héroïques de la Bible.

Devant les murs de Clissa, paradait un Turc d'une taille colossale, qui, comme Goliath, défiait en les injuriant ses adversaires. Un page du gouverneur, nommé Milosch, demanda à son maître la permission de se battre avec cet insolent fanfaron; et comme on lui représentait qu'il était bien petit pour se battre contre un tel athlète : « J'ai foi, répondit Milosch, j'ai foi en Dieu, qui soutint le bras de David; et si un enfant comme moi tombe sous le fer de ce géant, ce ne sera pas une honte pour les chrétiens, ce ne sera pas un triomphe pour les infidèles. »

Il sortit de la citadelle, tandis que tous les assiégés le suivaient de leurs vœux, et s'avança bravement à la rencontre de son terrible antagoniste. Du premier coup de son sabre, il lui abattit une jambe. Le Turc, en tombant sur un genou, continue le combat avec une nouvelle rage; mais bientôt, à un effort imprudent qu'il fit pour transpercer son adversaire, il perdit l'équilibre, son cimeterre s'échappa de ses mains, et Milosch lui coupa la tête.

Ce même Milosch, qui avait eu la confiance de David, ne devint pas comme son modèle un roi béni de Dieu en Israël, mais un chef de bande de corsaires, rapace et sans pitié.

La citadelle de Clissa étant au pouvoir des Turcs, les Uscoques cherchèrent un autre asile, ou, pour mieux dire, un autre champ de bataille, et en trouvèrent un excellent sur la rive du Carnero, dans la ville de Segne. Du côté de la terre, leur position était défendue par d'épaisses forêts; du côté de la mer, par des îles serrées l'une contre l'autre, qui forment une sorte de Thermopyles, et par une vaste ligne de rocs et de récifs. Cette place appartenait à la Hongrie; les Turcs aspiraient à s'en emparer et prétendaient y avoir droit, par la raison qu'étant maîtres de Bude, capitale du royaume, ils devaient, disaient-ils, posséder ce royaume tout entier. L'empereur Ferdinand, justement alarmé de leurs progrès, plus encore de leurs prétentions, se réjouit de faire entrer les Uscoques dans Segne. C'était un précieux renfort contre les hordes redoutables établies déjà si près de lui. C'était un moyen de sauvegarde pour l'Italie.

Installés dans une nouvelle forteresse, les Uscoques rendirent d'abord d'utiles services à la chrétienté; ils faisaient de fréquentes sorties contre les Turcs, les poursuivaient dans leurs retranchements et les éloignaient des bords de l'Adriatique.

Bientôt cette guerre d'escarmouches ne suffit plus à leur ardeur, les victoires qu'ils y avaient remportées exaltaient leur courage, le butin qu'ils y avaient recueilli enflammait leur cupidité, et la mer était là qui tentait leurs regards par tant de proies faciles, par tant de navires chargés de riches marchandises!

Les Uscoques n'avaient point la vertu de saint

Antoine, ils ne purent résister à cette séduction diabolique. Ils s'étaient proposé de n'attaquer que les Turcs et les Juifs, ils se laissèrent peu à peu entraîner au plaisir plus lucratif de surprendre les chrétiens. Ils avaient été de loyaux soldats, ils devinrent des pirates. Avec des barques légères, faciles à manœuvrer dans les passages les plus étroits, ils se rangeaient le long de la côte, se tenaient à l'affût comme des chasseurs, et dès qu'ils en trouvaient l'occasion s'élançaient sur un navire, sans trop se soucier de son pavillon.

Les Turcs qui, cependant, après tout, étaient les plus maltraités, commencèrent par jeter les hauts cris, et le sultan adressa de vives représentations au gouvernement de Venise, qui s'était engagé à assurer la navigation de l'Adriatique. Les Vénitiens, qui avaient aussi leurs griefs contre cette milice chrétienne, s'adressèrent au Pape, chef de la chrétienté, et le supplièrent d'intervenir près de la cour impériale pour qu'elle mît fin elle-même aux désordres d'une population placée dans sa dépendance.

L'Autriche accueillait cette requête avec une

apparence de vive sympathie, promettait d'y satisfaire, envoyait en effet de graves instructions au gouverneur de Segne. Il s'ensuivait un temps de repos, une sorte de halte dans la piraterie; après quoi elle reprenait ses courses aventureuses comme par le passé.

En dépit des arrêts formulés contre eux, les Uscoques comprenaient instinctivement que leurs entreprises de corsaires sur l'Adriatique n'étaient point aussi désagréables à l'Autriche qu'elle voulait bien le dire. Ceux même qui étaient entièrement désintéressés dans la question pouvaient à juste titre douter de la sincérité des manifestations officielles de l'empire en observant la lenteur de ses correspondances et la mollesse de son action dans cette affaire. Quelques brusques arrestations, quelques sentences capitales prononcées contre les corsaires les plus turbulents, n'étaient pas en une telle situation la preuve suffisante d'une volonté assez énergique. En même temps, d'ailleurs, que quelques Uscoques étaient jetés en prison ou pendus, le gouverneur et les principaux fonctionnaires de Segne vivaient avec les autres en fort bonne intelligence et prenaient part à leur pillage. Au retour d'une de leurs expéditions, quand ils avaient fait une riche capture, ils pouvaient bien voir les portes de la ville se fermer devant eux et entendre le canon tonner à leurs oreilles; mais ils étaient sûrs que le canon ne leur ferait aucun mal, et que la nuit le gouverneur leur ferait ouvrir une poterne et mettrait joyeusement la main sur une partie de leur cargaison.

Par les mêmes libéralités, ils se créaient des patrons jusqu'au sein de la cour de Vienne, ils se faisaient des partisans dans des îles soumises à la république de Venise. Les matelots slaves qui se trouvaient sur les navires, loin de leur être hostiles, éprouvaient pour eux un sentiment d'intérêt par l'effet de leur commune origine. Dans tous les parages où ils se hasardaient, ils avaient des espions qui par un signal convenu leur annonçaient une rencontre favorable ou les prévenaient d'un péril. Si malgré ces précautions ils se trouvaient surpris par un navire de guerre trop bien armé pour qu'il leur fût possible d'engager une lutte avec lui, ils lui échappaient par la légèreté de leur embarcation, par leur connaissance des lieux; ils fuyaient comme des lézards et se glissaient comme des couleuvres dans des anfractuosités de terrain où nul navire, nulle chaloupe même ne pouvait les suivre. Pour plus de sûreté ils pratiquaient au fond de leurs embarcations une ouverture par laquelle, en cas de danger imminent, ils se jetaient à l'eau et nageaient vers le rivage.

Dans chacune de leurs rencontres, il était rare cependant qu'ils ne perdissent au moins quelques hommes; mais leur troupe se recrutait d'une quantité d'aventuriers, d'*outlaws* de différentes contrées qui venaient chercher un refuge à Segne, et en y entrant abdiquaient leur nom national pour prendre aussi celui d'Uscoques. M. de Bruslart, notre ambassadeur à Venise, rapporte dans une de ses dépêches que, parmi un certain nombre d'Uscoques qui furent pris en 1618 et condamnés par les Vénitiens, il se trouvait neuf Anglais, dont cinq gentilshommes, et l'un de ces gentilshommes appartenait à l'une des notables familles de la Grande-Bretagne.

Chaque cité qui s'offre comme un repaire aux

gens qui dans leur pays se sont placés en dehors de la loi, est toujours sûre de voir s'accroître sa population, et la petite ville de Segne vit arriver dans ses murs un si grand nombre de ces individus de dangereuse espèce qu'elle ne pouvait tous les contenir. Ils se répandirent, dit M. de Bruslard, dans les îles voisines, employant là, Dieu sait comment, leurs heures de loisir, et attendant avec impatience le moment de se joindre à une expédition.

Avec ce surcroît de forces, les Uscoques achevèrent de compléter leur organisation et se divisèrent en trois catégories : les *Casalini*, les *Stipendiati* et les *Vetturini*. Les Casalini étaient les patriciens, ayant pignon sur rue dans les remparts de Segne. On n'en comptait pas plus d'une centaine. Les Stipendiati, dont le nom indique la position, formaient quatre compagnies, composées chacune de cinquante hommes, régis par quatre capitaines qui portaient le titre de voivodes. Les Vetturini étaient des propriétaires de bateaux qu'ils louaient aux pirates, moyennant une rétribution en argent, ou une part éventuelle dans les prises.

L'influence d'une telle race finit par agir sur une masse de braves gens qui jusque-là avaient vécu fort honnêtement de leur profession de laboureurs et de marchands. Les citoyens de Segne, les habitants des campagnes voisines en vinrent à prendre un intérêt personnel dans le succès des Uscoques et à leur fournir de l'argent quand il en était besoin pour préparer une de leurs expéditions.

La piraterie se développant par tous ces auxiliaires, le courroux de ceux dont elle menaçait les biens et la vie s'accrut en proportion. Les Turcs juraient par Mahomet d'anéantir ce nid de vautours, les Vénitiens adressaient lettre sur lettre au pape et à l'empereur. Les Uscoques, inquiets de cette activité diplomatique, pensèrent qu'ils pourraient bien recourir aussi à la diplomatie. Ils envoyèrent à Rome en qualité d'ambassadeur un religieux qui eut l'honneur d'obtenir une audience du pape, et lui adressa une curieuse harangue. Les Uscoques, disait le hardi délégué, étaient indignement méconnus, honteusement calomniés. On les traitait comme des corsaires, et c'étaient des soldats de la vraie foi, défendant avec un merveilleux courage la terre chrétienne contre les infidèles ; c'étaient des Machabées. Que si, de temps à autre, ils pillaient les navires voguant vers le Levant, n'avaient-ils pas raison ? Ces navires n'étaient-ils pas, au mépris de la bulle *In Cœna Domini*, chargés de munitions pour les Turcs, et n'était-ce pas faire une œuvre pie que de dévaliser d'une part ces bâtiments qui portaient des armes aux ennemis implacables de l'Évangile, et de l'autre ceux qui introduisaient en Europe de funestes denrées de luxe ?

A la suite de ce beau discours, l'éloquent ambassadeur fut enfermé dans les prisons du Saint-Office, et le gouvernement de Venise, fatigué de l'inutilité de ses réclamations, se mit en devoir de réprimer lui-même l'audace des Uscoques. Il construisit dans l'île de Veglia et dans le canal de la Morlaquie deux forts qui leur fermèrent leurs principaux débouchés. Comme un torrent, arrêté tout à coup dans son cours par une digue infranchissable, se fraye violemment une autre route, les corsaires ne pouvant plus continuer leurs incursions sur mer, se jetèrent sur les terres d'Istrie, dévastant à plaisir villages et bourgades.

Cette fois, les sujets désolés de l'Autriche adressèrent à l'Empereur de si vives supplies qu'il ne pouvait, sans manquer essentiellement à ses devoirs de souverain, ne pas prêter l'oreille à ces justes plaintes. Les Uscoques avaient trop tendu la corde de l'arc, elle devait se briser entre leurs mains!

Un vrai commissaire impérial, investi d'un vrai pouvoir, se rendit à Segne avec une force imposante, arrêta les principaux chefs de bande, enjoignit à tous les Uscoques d'avoir à lui livrer leurs armes dans le délai de quarante-huit heures, et bannit de la ville une moitié d'entre eux, leur défendant d'y rentrer sous peine de mort.

Après cet acte de vigueur, dont la seigneurie de Venise se déclara très-satisfaite, tout semblait fini. Tout n'était pas fini.

Les bannis revinrent peu à peu à leur premier gîte et graduellement y reprirent leurs anciennes habitudes. Ils retrouvèrent aisément des armes, construisirent des barques, et un chef intrépide nommé Giurizza, s'étant mis à leur tête, ils devinrent sous sa direction plus effrénés que jamais. Une nuit, ils surprennent la ville de Scardona, qui appartenait aux Turcs, la ravagent et en ramènent trois cents esclaves. Un jour, ils apprennent qu'une frégate vénitienne est entrée dans une rade d'Istrie, portant les dépêches du gouvernement et une somme de 10 000 ducats. Aussitôt ils se dirigent vers ce bâtiment, au nombre d'environ cent cinquante, s'élancent à l'abordage, font main basse sur tout ce qu'ils trouvent, et retournent gaîment à terre partager leurs trésors. Un autre jour, ils pénètrent par plusieurs ouvertures dans les remparts de Pola, et avant que les habitants stupéfaits aient eu le temps de prendre les armes, les bandits se retirent dans les bois chargés de butin. On les vit aussi successivement envahir le territoire de Sebenico, et celui de Narenta, et celui de Raguse, partout pillant et ravageant.

Un dernier acte de brigandage et une autre action de cruauté soulevèrent enfin contre eux un orage auquel ils devaient succomber. Un jour, ils s'emparèrent d'une galère vénitienne sur laquelle se trouvaient un haut fonctionnaire de la république et plusieurs nobles passagers. Ils égorgent trois de ces passagers, puis, arrivés dans le canal de la Morlaquie, égorgent également le fonctionnaire, lui coupent la tête, lui arrachent le cœur, y trempent les pointes de leurs poignards, en se jurant l'un à l'autre, par le cadavre de leur ennemi, une inviolable fidélité, et se mettent à table en face de ces restes sanglants.

Les Vénitiens ayant en vain demandé à l'empereur une juste réparation d'une si horrible barbarie, entrèrent dans ses États, ravagèrent le Frioul. La guerre dura longtemps, et ne se termina que par la médiation de la France, par le traité de Madrid, où fut inséré un article qui abolissait le nid des pirates.

Les Uscoques quittèrent définitivement les remparts de Segne et s'établirent en Croatie, aux environs de Carlstad.

XI

ZARA. — SEBENICO

XI.

ZARA. — SEBENICO.

Les Uscoques ont disparu. Maintenant, lorsqu'on navigue dans les parages de la Dalmatie, on n'y rencontre plus que de paisibles navires de commerce qui n'attaquent personne, ou d'honnêtes et laborieuses chaloupes qui n'attaquent que les poissons. La bora et le sirocco ont seuls gardé sur ces côtes leur redoutable puissance, et ces antagonistes du marin, nul traité diplomatique ne peut les supprimer.

Le sirocco qui, pendant notre halte à Lussino, s'était assoupi comme un athlète fatigué de ses efforts, s'est réveillé avec une nouvelle impétuosité dès que nous avons voulu nous remettre en marche; il nous a forcés de relâcher dans le petit port de Selve, et nous a combattus tant qu'il a pu jusqu'à Zara. Il est des navires de guerre où en pareil cas le maître d'équipage administre plusieurs coups de garcette aux mousses, et il est des capitaines fort expérimentés qui ne doutent pas que cette correction n'ait sur les éléments une très-heureuse influence. Comme nous n'avions point de mousses à fouetter, il fallait nous résigner à attendre qu'il plût au sirocco de se calmer. Plusieurs passagers, en se promenant sur le pont, lui adressent pourtant d'énergiques apostrophes, et plusieurs femmes, souffrant des calamités de la mer, et impatientes d'arriver, invoquent la miséricorde du ciel. Pour moi que nulle tendre affection, nul cercle de famille n'attendaient sur un des points du rivage, pour moi qui n'avais rien de mieux à faire que de regarder le pays, dont je voulais autant que possible acquérir une juste idée, je n'avais cessé de le regarder depuis mon départ de Trieste, et vraiment la première impression que l'on éprouve en entrant dans la Dalmatie n'est ni gaie, ni encourageante.

Aussi loin que la vue peut s'étendre, à gauche on ne voit qu'une côte qui se déroule comme une longue chaîne dont nul Wieland, nul mythologique artiste n'a pris soin de ciseler les anneaux ; à droite, des îles et des îlots, dont un grand nombre portent le nom de *scogli* (écueils), dont la plupart ressemblent à des blocs erratiques roulés ici confusément dans les flots, comme ailleurs dans de vastes plaines. A gauche et à droite, même teinte grise calcaire et même aridité. « Là, dit un poëte latin, en pleine campagne les arbres sont rares et ne prospèrent pas, et la terre est comme une mer sous une autre forme[1]. »

La comparaison est juste. Ces îles, ces scogli ressemblent à des vagues qui, dans leur mouvement, auraient été pétrifiées, et cette côte, avec ses mamelons ondulants, ressemble à une mer houleuse. A la morne surface de cette terre stérile, dans cette autre Arabie Pétrée, de temps à autre seulement, on aperçoit quelques tiges d'oliviers, ce pâle arbuste dont les anciens

---

1. Rara, nec hæc felix, in apertis eminet arvis
   Arbor, et in terra est altera forma maris.

ont fait, je ne sais pourquoi, le symbole de la paix, si ce n'est pour montrer la modestie de la paix ; çà et là, on découvrira encore des parcelles de sol péniblement cultivées, et des enclos où, selon l'expression d'un écrivain allemand, des moutons errent, comme des botanistes, à la recherche d'une herbe menue.

Ceux qui ont lu leur Ovide se tromperaient s'ils croyaient voir là cette image qu'il a jetée dans un de ses vers, ces *subita montanæ brachia Dalmatiæ*. Il n'y a près de la côte pas une montagne, pas une pente escarpée, pas une de ces crêtes alpestres qui frappent les regards par leur jet hardi et leurs lignes anguleuses; il n'y a là qu'un réseau d'îles et d'îlots, ou, pour mieux dire, des rochers plus ou moins allongés et une longue suite de collines aux cimes arrondies qui se déroulent comme un feston uniforme du nord-ouest au sud-est. Le bateau tourne et serpente entre ces îles, comme le fil d'Ariane dans le labyrinthe, et en naviguant ainsi, on n'a pas même l'aspect de la grande mer. Tantôt on entre dans un canal qui a l'apparence d'une rivière, tantôt dans une enceinte plus large qui ressemble à un lac, et les bords de cette rivière et les contours de ce lac sont également monotones.

Voilà l'impression que l'on éprouve au premier aspect de la Dalmatie, et voici celles qui successivement attirent le regard, touchent le cœur, lorsqu'on pénètre plus avant dans ce pays et qu'on l'observe de plus près.

Entre ces collines calcaires il est des vallées vertes et fraîches comme celles de la Suisse, qui s'étendent au loin comme de mystérieux asiles et dont le sol se couvre de fruits abondants. L'olivier s'y développe librement à l'abri des tempêtes, et l'amandier y fleurit au milieu des ceps de vigne. Dans quelques-unes, il est des rades qu'on dirait creusées comme des bassins par la main d'un ingénieur habile, qui offrent en tout temps aux navigateurs un ancrage assuré. Sur ces scogli enfin, sur les plus nus et les plus tristes, il est des groupes de familles dont on ne peut sans émotion apprendre à connaître l'honnête et dure existence. Les pauvres gens! ils ont été jetés là, on ne sait par quelle circonstance, comme des naufragés, et ils y restent séparés du monde entier, forcés de se suffire à eux-mêmes, et n'acquérant leurs moyens de subsistance que par un courageux travail.

La pêche est une de leurs ressources ; mais la pêche ne pouvant suffire à tous leurs besoins, ils ont entrepris de cultiver la rude terre où ils ont, comme des goëlands, fixé leur demeure. A ce labeur, ils ne peuvent employer ni bœuf, ni charrue. Il faut qu'ils commencent par enlever eux-mêmes les pierres dont le sol est jonché, par se faire entre les rocs une sorte de clairière, comme les colons du Canada entre les bois. Quand le terrain qu'ils se proposent de défricher est ainsi déblayé, ils l'entourent avec soin d'un mur et sont souvent obligés de l'appuyer sur une terrasse pour en prévenir les éboulements. Dans les plaines de la Bourgogne, dans le midi de la France, on ne prend pas plus de précaution pour protéger le vignoble le plus précieux, et la culture d'un vaste espace ne coûte pas là autant de peine qu'ici un de ces cercles étroits qu'on appelle des *coronali*. L'habitant du scoglio bêche lui-même, creuse, fouille son champ jusqu'à ce qu'il soit parvenu à y former une couche végétale.

> Travaillez, prenez de la peine,
> C'est le fonds qui manque le moins,

a dit le bon La Fontaine.

Mais ici le fonds manque, et aussi l'eau, cet élément essentiel de végétation. Quand le patient insulaire a si péniblement préparé son terrain, des mois entiers peut-être se passeront avant qu'il ait la joie d'y voir tomber une goutte de pluie. Ses semences de céréales, il les abandonne à la Providence. Quant à ses ceps de vigne, il emploie pour leur conserver une salutaire humidité plusieurs ingénieux artifices. En premier lieu, il les plante aussi près que possible l'un de l'autre, puis il entoure chaque pied d'un petit monticule de terre, et enfin il s'applique à abaisser les branches, de façon à former une sorte de rideau qui s'oppose comme un voile à l'ardeur du soleil.

C'est ainsi qu'à force de persévérance, d'adresse, de travaux continus, il parvient à féconder la nature la plus âpre, à faire par sa patience jaillir sa moisson des entrailles de son scoglio comme les flots du roc frappé par la verge de Moïse.

Qui pourrait entrer dans les détails de ces existences si humbles, si peu secourues et si résignées, sans se sentir attiré vers elles par un sympathique intérêt? Qui de nous, en errant dans les misérables quartiers des grandes villes et en levant les yeux vers une malheureuse mansarde perdue dans les toits, ne s'est dit : Il y a là pourtant des êtres créés comme nous de chair et d'os, qui doivent comme nous éprouver toutes les vicissitudes de la destinée humaine, tressaillir au rayon d'un regard aimé, et pleurer au chevet d'un père mourant. Il y a là de douces scènes de cœur cachées dans une ombre profonde, des romans et des drames dont on ne connaîtra pas les touchantes péripéties. Près des maisons des riches, qui sur eux appellent de toute part l'attention, ces enfants deshérités de la fortune, ces ilotes des temps modernes naissent et grandissent inaperçus. Le monde, ce qu'on appelle le monde, ne sait rien de leurs joies, ne s'occupe point de leurs souffrances ; et quand leur heure est venue, ils disparaissent du sentier de la vie comme des gouttes d'eau qui s'abîment dans l'Océan.

Je faisais ces réflexions en regardant les solitaires cabanes des pauvres familles éparses sur les rocs des scogli. Celles-là sont aussi délaissées. Celles-là voient chaque jour passer devant leur retraite ou le navire chargé de riches marchandises, ou le bateau à vapeur avec sa légion de voyageurs ; mais ce navire ne leur apporte rien de sa cargaison, et ces voyageurs s'éloignent sans leur laisser le souvenir d'un témoignage d'affection. Les flots qui enlacent leur île, la misère à laquelle elles sont condamnées leur font un double isolement. De jour en jour, d'année en année, elles parcourront obscurément le périple de leur existence, sans cesse préoccupées des premiers besoins de la vie, ignorées dans leurs vertus, abandonnées dans leurs douleurs.

Il faut bien croire pourtant que Dieu accomplit au fond des plus chétives demeures, dans les derniers replis des âmes, un acte suprême de justice et de rémunération qui échappe à notre intelligence : sinon comment y aurait-il tant de pauvres êtres privés de tous les biens terrestres à côté de tant d'autres à qui ces mêmes biens ont été prodigués?

Oui, j'ai vu dans le jour ces scogli sous leur robe mélancolique, pareille à celle de nos bonnes saintes sœurs qui portent le nom de sœurs grises; je les ai vus le soir, au coucher du soleil éclatant aux regards comme un tissu d'or et de pourpre, inonder d'un jet de lumière ce vêtement de Dieu, puis après je les ai vus assoupis dans leur calme sous le voile silencieux de la nuit.

« Que la paix vienne, dit Isaïe, et qu'il repose dans un lit, celui qui a marché dans sa direction[1]. »

Et je me disais qu'ils avaient la paix, et qu'ils reposaient dans leur lit ces bonnes gens des scogli qui, dans leurs innombrables privations, suivent si courageusement leur honnête direction.

Aux environs de Zara, le paysage se présente tout à coup sous une face assez pittoresque. Là,

---

[1]. Veniat pax, requiescat in cubili suo qui ambulavit in directione suâ.

les montagnes sont plus hautes, mieux découpées, et le long de la plage apparaissent des forêts d'arbres à fruits et de beaux villages; Zara s'avance là jusqu'au bord de sa presqu'île, comme pour voir plus tôt les navires qui viennent du nord et du sud. Zara, disent les antiquaires, est la vieille Jadera de la Liburnie; elle a été, selon le témoignage de Pline et de Ptolémée, une colonie romaine. Par sa position sur une presqu'île qui ne se rejoint à la côte que par une étroite langue de terre, elle a dû être de tout temps une forteresse maritime facile à défendre, importante à conserver. A la voir, quand on vient de Trieste, s'élancer du sein des eaux, avec ses blanches murailles et le lion de Saint-Marc sur ses portes, on la prendrait pour une fille de Venise, et l'ambitieuse Venise a bien vite aspiré à la maîtriser.

Au xe siècle Zara, attaquée sans cesse par les Uscoques de cette époque, par les bandes farouches des Narentins, invoqua le secours des Vénitiens, et se déclara vassale de leur république. L'habile gouvernement de Venise n'avait garde de négliger une si belle occasion d'agrandir son pouvoir ; en attaquant les corsaires, il établissait son droit de suprématie sur l'Adriatique ; en soumettant Zara à son autorité, il se faisait un premier jalon de nouvelles conquêtes. Le doge Pierre Orseolo II se mit lui-même à la tête d'une flotte considérable, poursuivit les Narentins jusque dans leurs repaires, s'empara des îles de Lesina, Meleda, Curzola, où ils s'étaient retranchés, et anéantit une piraterie qui depuis trois siècles désolait la contrée. Après cette victoire il rentra en triomphe à Zara, et joignit à son titre suprême de doge celui de duc de Dalmatie, qui, huit siècles plus tard, devait être décerné à un de nos maréchaux.

Si Zara avait, comme une humble fille, sollicité dans ses perplexités la protection de la puissante Venise, elle ne resta pas longtemps fidèle au sentiment d'obéissance et de gratitude qu'elle avait manifesté. Tantôt elle se laissait aller à une orgueilleuse idée d'indépendance, tantôt, pour se soustraire à l'ascendant de sa fière suzeraine, elle se jetait du côté des rois de Hongrie et des empereurs grecs. La république de Venise n'était pas de nature à tolérer patiemment de tels caprices, ni à se laisser enlever, sans la bien défendre, une parcelle de son manteau ducal. Zara s'était soumise au lion de Saint-Marc, il fallait qu'elle lui restât soumise; autant de fois elle essaya de rompre les liens qu'elle-même avait formés, autant de fois les Vénitiens prirent les armes et l'obligèrent à courber son front rebelle. Les diverses révoltes de Zara, les luttes qu'elle eut la hardiesse d'engager et le courage de soutenir contre la reine de l'Adriatique, occupent une grande place dans l'histoire de Venise, et y ont laissé une triste page, une page où l'on voit éclater à la fois tout ce qu'il y avait d'astuce et d'égoïsme, de calcul et de cruauté dans le gouvernement de cette fameuse république.

C'était au commencement du xiiie siècle, l'Europe chrétienne allait se lancer dans sa quatrième croisade; tandis que les nobles seigneurs de France et d'Allemagne vendaient ou engageaient leurs biens pour accomplir leurs vœux, les Vénitiens, ces Carthaginois des temps modernes, spéculaient comme de fins marchands, sur cette ferveur religieuse. Pour se rendre plus promptement sur le champ de bataille, il fallait aux croisés des navires ; le sénat de Venise, auquel ils s'adressèrent, résolut, après une mûre délibération, de leur en fournir ; mais ce sénat ne pouvait oublier qu'en s'associant à la cause de la chrétienté ; il devait aussi prendre soin des intérêts de la république. Il s'engageait donc à transporter au lieu *où le service de Dieu l'exigerait* neuf cents chevaliers, quatre mille cinq cents écuyers, vingt mille hommes et quatre mille cinq cents chevaux ; pour une telle œuvre il demandait une somme de quatre-vingt-cinq mille marcs d'argent, et la moitié des conquêtes qui seraient faites sur mer et sur terre par les confédérés. Les croisés, avec leur magnifique insouciance pour les calculs mercantiles, n'étaient pas gens à s'arrêter devant les conditions d'un tel marché ; ils l'acceptèrent gaiement, et, en leur qualité de fils de l'Église, ils prièrent le pape de le ratifier. Le pape Innocent III y ajouta seulement un article par lequel il défendait expressément à l'armée apostolique d'attaquer une terre chrétienne ; on eût dit qu'il prévoyait les projets des Vénitiens.

Malgré tous leurs efforts les croisés ne parvinrent pas à recueillir la somme qu'ils devaient payer à l'État de Venise en s'embarquant. Il leur manquait trente quatre mille marcs, et ce malheureux complément de leur traité, ils ne pouvaient se le procurer. Le bon sénat, touché de leur détresse, et ne voulant point, pour une misérable question d'argent, arrêter l'essor de leur zèle, leur fit alors une généreuse proposition : Aidez-nous, leur dit-il, à rappeler à l'ordre la ville de Zara qui s'est, au mépris des plus solennelles promesses, révoltée contre notre légitime pouvoir, et pour cet honnête service, nous vous tiendrons quittes de ces introuvables trente quatre mille marcs.

Une telle entreprise était une violation manifeste de l'arrêté pontifical; mais le doge employait tant d'éloquentes raisons, et les croisés étaient si désireux de se mettre en marche, qu'ils finirent par accepter l'offre qui leur était faite, disant qu'en réalité Zara était coupable d'un acte de rébellion, et que, s'ils désobéissaient à l'ordre du pape, cette faute pourrait être pleinement effacée par la conquête de la terre sainte.

Le 9 octobre 1202 la flotte partit; elle se composait de près de cinq cents voiles, dont cinquante galères, deux cent quarante navires portant quarante mille hommes de troupes; soixante-dix autres étaient chargés de vivres et de munitions. Malgré cet effrayant appareil, les habitants de Zara étaient décidés à se défendre; ils réparèrent leurs remparts et étendirent une énorme chaîne en travers de leur port. Au premier assaut la chaîne fut brisée, les remparts furent pris; Zara, ébranlée dans sa résolution par un si prompt échec, songeait déjà à entrer en négociation, lorsque plusieurs notables croisés se sentirent saisis d'un nouveau remords de conscience à l'idée d'employer contre une population chrétienne les armes qui ne devaient leur servir qu'à combattre les infidèles. Le comte de Montfort représenta vivement à ses compagnons l'énormité d'une pareille faute, et l'abbé de Vaux en vint même à menacer d'excommunier la flotte si elle persistait dans cette attaque impie. Zara alors reprit courage, et, au lieu de demander la paix, montra une attitude plus belliqueuse. Elle ne connaissait pas l'opiniâtre doge Dandolo, qui, sans se soucier des remontrances de quelques chevaliers, des menaces d'un prêtre, pressa le siége à l'aide des Français les moins scrupuleux, et franchit les remparts intérieurs. La ville fut envahie par une soldatesque effrénée, et pendant cinq jours livrée à toutes les horreurs d'une place prise d'assaut; ses remparts furent démantelés, ses maisons saccagées, et ses églises même profanées.

Avant que ses ennemis s'éloignassent de ses murs, Zara devait être, par une justice providentielle, vengée de leur cruauté. La distribution des logements, le partage du butin, excitèrent entre eux une querelle qui, pour des hommes de cette trempe ne pouvait s'apaiser par le raisonnement. Les Vénitiens et les Français se divisèrent en deux camps; les Vénitiens étant les plus faibles furent atrocement battus, et les citoyens de Zara assistèrent au massacre de ceux qui venaient de répandre dans leurs murs la ruine et la désolation. En vain le doge et les principaux gentilshommes de l'armée française essayèrent-ils de mettre fin à cette lutte affreuse; il ne fallut pas moins de huit jours de négociation pour amener les deux partis à un accommodement. Alors les croisés, frappés tout à coup du sentiment de leur désordre, se dirent que Dieu les punissait par là de leur désobéissance, et l'on vit ces mêmes hommes, naguère enflammés d'une fureur implacable, fléchir le genou et prier humblement au pied des autels. Les Vénitiens, pour expier leur sacrilége, choisirent un large emplacement près des chapelles qu'ils avaient dévastées, et y bâtirent une cathédrale.

En 1346, Zara se révoltait de nouveau contre ses maîtres vénitiens, et, pour mieux leur résister s'alliait au roi de Hongrie. « Cette malheureuse ville de Zara, dit un naïf historien du temps dont nous ne savons pas le nom, mais dont le sénat de Venise n'a pu manquer de récompenser les édifiants récits, cette malheureuse ville de Zara qui se trouvait sous le doux et bénin régime ducal devint arrogante, oublia les bienfaits qu'elle avait reçus, et dans son aveuglement eut l'audace de rejeter l'autorité d'un gouvernement si aimable, que le servir c'est régner. »

Zara était si peu reconnaissante des prétendus bienfaits de la superbe cité de Venise et si déterminée dans sa révolte, que Marc Giustiniani qui essaya de la subjuguer avec une armée de vingt-sept mille hommes ne put y réussir. Pour arrêter la marche des galères ennemies, les Zaratiens coulèrent leurs propres navires dans le port. Les Vénitiens dressèrent contre eux des machines incroyables, entre autres une qui, dit-on, lançait sur les maisons rebelles des blocs de pierre de trois mille livres. Avec cette artillerie de granit, ils furent obligés de se retirer devant les Hongrois qui arrivaient au secours de Zara, et de se retrancher dans leur camp. Ils s'y trouvèrent quelque temps si au dépourvu, qu'ils durent faire venir de l'eau de Venise. Mais, les Hongrois ayant été battus, mis en déroute, les Vénitiens reprirent les opérations du siége, et, après une résistance de six mois, obligèrent enfin les pauvres Zaratiens à se rendre à discrétion.

Cependant en 1357, ils chassaient de nouveau leur gouverneur vénitien et se remettaient entre les mains du roi de Hongrie, qui, dans une heureuse campagne, conquérait une grande partie des rives de l'Adriatique.

La paix se fit l'année suivante. Il fut stipulé que le doge cesserait de prendre le titre de duc de Dalmatie, et que les Vénitiens ne pourraient plus garder aucune propriété immobilière dans le territoire de Zara.

L'autorité de Venise semblait donc devoir être à jamais annihilée dans cette ville. Mais Venise avait la force du lion, et la sagesse du serpent. Habile à courber la tête sous l'orage qu'elle ne pouvait vaincre, elle la relevait avec fierté, dès qu'elle y était aidée par les circonstances.

Au commencement du XV° siècle, elle s'allia à Ladislas qui disputait à Sigismond la couronne de Hongrie, et Ladislas, pour s'assurer l'amitié intéressée de la puissante république, lui céda moyennant une somme de cent mille florins tous ses droits sur la Dalmatie et la ville de Zara.

Venise étendit de nouveau ses griffes sur cette proie qui lui avait déjà échappé sept fois. Elle l'acheta comme si jamais elle ne l'avait possédée, et enfin la garda jusqu'au jour où elle-même tomba, dans sa cauteleuse décrépitude, sous l'épée de Napoléon.

A la réunion de la Dalmatie à l'empire de l'Autriche, Zara est devenue le chef-lieu politique et civil de la province.

Cette province est divisée en quatre départements désignés sous le nom de cercle : Zara, Spalato, Raguse, Cattaro ; chaque cercle se subdivise en plusieurs districts : Zara en compte huit, Spalato dix, Raguse cinq, Cattaro trois.

Le premier fonctionnaire civil du département porte les titres de *capitano del circolo*; près de lui est un *préteur*, spécialement chargé de la ville, puis un *podesta*, ou *capo communale*, auquel est confiée plus particulièrement, comme son titre l'indique, l'administration d'un certain nombre de villages ; il est assisté dans ses fonctions par quatre conseillers qui doivent, conjointement avec lui prendre des mesures nécessaires pour maintenir le bon ordre. Le podesta et le préteur sont nommés par le gouverneur de la Dalmatie et confirmés par l'empereur. Dans chaque cercle réside aussi un officier supérieur, colonel ou général.

Zara est la métropole catholique de ce petit pays, qui compte quatre cents et quelques milliers d'habitants et n'a pas moins de six évêchés[1]; elle est la résidence du gouverneur général, des chefs des différentes administrations, et le siège du tribunal d'appel.

Cette réunion de fonctionnaires donne à la ville une animation particulière, et offre à l'étranger l'attrait d'une société dont il ne rencontrera que quelques parcelles dans les autres ports de la Dalmatie. C'est une migration de familles aimables, d'hommes instruits, au milieu d'une ignorante peuplade; c'est une transplantation des goûts et des habitudes de la civilisation sur un sol où, jusqu'à présent, l'œuvre de la civilisation a peu pénétré. Dans la maison du gouverneur, j'ai pu me croire pendant plusieurs heures dans l'intelligent et gracieux salon d'une grande ville; et à une demi-lieue de là est le rustique village d'Erizza, tout entier habité par une colonie d'Albanais, et à quel-

---

[1]. Un archevêché à Zara, un évêché à Spalato, à Raguse, à Sebenico, à Lesina, à Cattaro. Il y a de plus un évêque grec à Sebenico.

ques lieues la retraite montagneuse des Morlaques.

Zara est du reste une jolie ville, ouverte de plusieurs côtés sur de beaux points de vue, sur la mer, sur des chaînes de coteaux, au-dessus desquels s'élèvent, comme des têtes de géant, les cimes escarpées du Velebitsch. Ses rues sont étroites, mais régulièrement tracées et bordées d'élégantes maisons. Son commerce est peu considérable; mais elle a son marasquin. Étrange chose que le caprice de la fortune dans la distribution des gloires humaines! Voilà une ville dont les annales renferment des pages superbes, les récits de combats les plus courageux, les scènes les plus dramatiques, et ce n'est point par ces nobles épopées que son nom s'est propagé dans le monde; c'est par de petites fioles d'une liqueur doucereuse qu'on extrait d'une cerise sauvage! Combien de gens qui jamais ne sauront les vaillantes luttes que Zara a soutenues pour défendre ou reconquérir son indépendance, et qui n'ignorent pas que de cette cité vient le marasquin le plus délicat! De tous les Méphistophélès inventés par les poëtes, de tous les diaboliques personnages qui se jouent des espérances des hommes et de l'orgueil des peuples, cet invisible, cet indéfinissable démon qu'on appelle le Destin, n'est-il pas encore le plus caustique ?

Tout en acceptant l'honneur insigne que lui fait son marasquin, Zara cherche cependant des satisfactions d'un genre moins matériel. Elle imprime deux journaux : l'un en langue slave, l'autre en langue italienne. Elle a de bonnes librairies, entre autres celles de M. Battara, à qui l'on doit la publication de l'ouvrage de M. Carrara sur la Dalmatie ; elle a un casino qui reçoit, avec les principaux journaux de l'Allemagne, plusieurs journaux de France et d'Angleterre. Enfin, elle a un théâtre qui, dans son répertoire, fait tour à tour entrer, avec un rare zèle, l'opéra et la comédie, le drame et le vaudeville.

Deux bons citoyens de Zara qui, sur un mot de recommandation d'un de leurs amis de Trieste, avaient bien voulu me promener dès le matin dans les différents quartiers de la ville, m'ont conduit le soir à ce théâtre. C'était précisément un jour de représentation solennelle, la représentation à bénéfice de la *prima donna*. J'ai vu là jouer d'une façon vraiment très-louable une comédie italienne et une tragédie, dont l'auteur encore inconnu pourrait bien devenir très-illustre par sa mémorable invention. Cinq actes et cinquante vers ! Dix vers à chaque acte, pas plus. Quel modèle de tragédie !

Pour ce spectacle extraordinaire, les abonnements étaient suspendus, et le prix des billets d'entrée était fixé à quarante centimes. Grâce à l'arrivée du bateau à vapeur, qui amenait là un assez grand nombre de spectateurs inattendus, la *prima donna* a retiré, m'a-t-on dit, cent cinquante florins (environ quatre cents francs) de sa soirée. Il est rare qu'à Zara on fasse une recette semblable.

A cinq lieues d'ici est Zara-Vecchia, qui fut jadis une ville assez importante. Au xiie siècle, les Vénitiens, dans une de leurs patriotiques colères, la dévastèrent. Elle n'a pu se relever de ses ruines. Ce n'est plus qu'un village de quatre à cinq cents âmes. Près de là est un autre village qui a eu aussi ses jours de gloire.

C'est Wrana, où s'élevait un couvent fortifié qui, pendant trois siècles, appartint aux templiers. Il fut pris par les Turcs, démantelé, et n'a jamais été reconstruit.

Il est heureux pour le voyageur qu'il puisse, en traversant ces parages, occuper sa pensée de ces souvenirs historiques ; car, en quittant Zara, on va voir reparaître le même monotone paysage qui a précédemment fatigué le regard. On navigue dans un canal fermé d'un côté par la plage, de l'autre par deux îles allongées dans la mer comme une digue. Au sein même de ce canal, il y a plusieurs scogli. Au delà, encore d'autres groupes d'îles, petites et grandes, et presque toutes d'un triste aspect. Un aimable fonctionnaire dalmate, qui s'était embarqué à Zara avec moi, et qui, dans sa tendre affection pour son pays, ne négligeait pas une occasion de m'en signaler le mérite, me disait quelquefois : « Regardez ! quelle magnifique verdure ! » Je tournais avec empressement mes regards vers le point qu'il m'indiquait, comme à Londres, quand j'entendais, dans la brume du matin, un enthousiaste Anglais s'écrier : *What a* fixe sur ! De même qu'à Londres, je finissais par apercevoir quelques jaunes rayons pénétrant à travers les tourbillons de fumée, de même, ici, je finissais aussi par découvrir des plantations de vignes et d'oliviers, et quelques pâturages, entre les masses de rochers nus. Mais plus ces âpres terrains résistent à la main qui essaye de les féconder, plus on doit admirer le courage de ceux qui poursuivent une telle tâche. La plupart de ces îles sont des propriétés communales, et il en est un grand nombre où personne ne réside. Ce sont des habitants de la côte qui viennent, en barque, les cultiver et en recueillir la maigre récolte. En voyant ces crêtes de rocs, où, par un si rude labeur, on ne parvient à conquérir qu'une si chétive moisson, je pensais aux rives de Saint-Laurent et du Mississipi, aux immenses plaines de la Plata, où tant de vastes et féconds domaines sont encore inoccupés. Certes, si l'émigration peut être séduisante, n'est-ce pas dans le contraste d'une situation comme celle-ci, où, d'une part, on se voit condamné à une pénible et misérable existence, où, de l'autre, éclatent tant de sources de richesses? Mais les Alsaciens, les Souabes quittent aisément leur beau pays pour s'en aller en Amérique, et les Dalmates restent fidèles à leur rude patrie. Le cœur enfonce plus profondément ses racines dans la douleur que dans la joie. L'enfant du pauvre est plus fortement lié au foyer où il a partagé les fatigues et les anxiétés de sa famille, que l'enfant du riche à l'élégante demeure qui lui égaye le présent et lui colore l'avenir.

Un écrivain d'un très-brillant esprit, M. L. Gozlan a écrit : « La douleur est un pays dont les naturels gardent le souvenir, pays pauvre, stérile, sans soleil, mais qui fait s'entr'aimer ceux qui y sont nés ensemble. »

Goëthe a dit en termes plus solennels : « Celui-là ne vous connaît pas, ô puissances célestes, celui-là qui n'a pas mangé son pain dans ses larmes [1]. »

Ce qui semblerait devoir nous détourner d'une affection est souvent ce qui nous y enchaîne le plus étroitement. Les sollicitudes

---

1. Wer nie sein brod in Thranen ass
   Der kennt euch nicht, ihr himmlische Machte.

qu'elle nous fait éprouver sont comme autant de liens qui y fixent notre pensée. L'homme s'attache ainsi au sol qu'il défriche avec peine, qu'il arrose de ses sueurs. Est-ce là une loi providentielle? Est-ce, à notre insu, un effet de notre orgueil? Par ce mystérieux pouvoir inhérent à la souffrance, Dieu a-t-il voulu nous montrer qu'elle doit être un des plus constants éléments de la destinée humaine; ou si nous nous enlaçons à tout ce qui nous a le plus inquiétés, agités, désolés, serait-ce notre vanité qui ne nous permettrait pas de nous écarter de l'œuvre qui a occupé nos efforts, de l'amour qui nous a fait pleurer? J'abandonne ce problème aux philosophes. Quant à moi, j'aime mieux attribuer à la douleur la plus pure origine, l'idéaliser comme le faisaient déjà les anciens, et dire avec eux : *Res sacra miser*.

« Ah! ces chers scogli! » s'écrie près de moi un passager vêtu d'un grossier vêtement, qui, pour les mieux contempler, a quitté la place que son billet lui assigne et s'est élancé sur la dunette du bâtiment. Ces scogli, que je regarde avec une morne émotion, et qu'il est si heureux de revoir après une absence de quelques semaines, c'est le sol où sa famille lui a fait un nid, où il a grandi, où, sans penser qu'il répète les paroles d'un poëte, il peut dire, en recueillant là ses souvenirs : *Ich habe gelebt und geliebt.* J'ai vécu et j'ai aimé.

Tous les paysans de la Dalmatie peuvent bien ne pas éprouver, à la vue de leur terre natale, les mêmes honnêtes pensées. Sans parler des Morlaques, qui ont plus d'une fois mérité, par leurs courses sur les grands chemins, la fâcheuse impression qui s'attache à leur nom, il est sur cette côte et dans ces îles des gens qui ne se sont pas toujours contentés de leur pêche ou du produit de leurs champs. On m'a signalé sur la route que nous suivons une île entre autres, l'île de Motar, dont les habitants ont acquis une célébrité par l'empressement avec lequel ils se précipitaient autrefois vers les navires qu'un orage jetait sur leur côte, non pour lui porter un charitable secours, mais pour le piller. Il n'y a pas plus de dix ans qu'ils commirent encore un de ces actes de brigandage. La justice se transporta sur les lieux, et ne pouvant, malgré ses investigations, parvenir à découvrir les vrais coupables, prit le parti d'emprisonner tout le village. Cette mesure, empruntée aux coutumes législatives du Japon, a eu à ce qu'il paraît, un très-bon résultat. Les gens de Motar, effrayés de cette loi de solidarité, font à présent eux-mêmes la police de leur île.

Nous sortons enfin de ce réseau de scogli pour entrer dans un canal d'un effet très-imposant, le canal de Sebenico. A l'entrée de cette passe, que plus d'une grande ville maritime envierait, est une île couverte tout entière par une des œuvres de Sanmichel, le Vauban de la république vénitienne, l'architecte infatigable qui a jeté sur les rives de l'Adriatique tant de travaux mémorables et d'utilité pacifique, bastions et fontaines, remparts et chapelles. Sur un des côtés de Sebenico s'élève un autre fort, bâti par les Français; sur la montagne de Santa-Anna, qui domine la rade, encore un fort.

Ces pauvres cités de la Dalmatie ont été pendant des siècles exposées aux invasions, aux ravages des Turcs; elles ont dû s'armer de leur mieux contre ces ennemis cruels, et, leurs citadelles faites, elles les ont gardées comme un vieux soldat garde en temps de paix la cuirasse qui l'a protégé sur les champs de bataille.

Au fond de cette baie si bien défendue, ou plutôt au fond d'un large lac dans lequel tombent des montagnes voisines les eaux de la Kerka, s'élève la ville de Sebenico, l'une des villes les plus curieuses de l'Adriatique. Si elle a été, comme le prétendent quelques historiens, bâtie par les Croates, ou, comme d'autres le disent, par les Uscoques, c'est ce qu'il est difficile de déterminer. Le fait est que, malgré son admirable situation, à l'embouchure d'une large rivière, sur les contours d'une rade excellente, elle ne fut pendant longtemps qu'une bourgade peu importante jusqu'au jour où les habitants de la ville de Scardona, dévastée par une horde farouche, vinrent y chercher un refuge. Sa population s'éleva alors, dit-on, à trente mille âmes; son commerce, son industrie prirent un rapide développement, et les arts et les lettres y prospérèrent. Fortis fait une longue énumération des savants et des écrivains qui ont vécu dans cette cité. La plupart de ces hommes qui eurent jadis leur part de gloire en ce monde sont aujourd'hui ensevelis sous de nouvelles illustrations, qui, dans la pyramide de l'humanité s'amassent l'une sur l'autre comme les couches géologiques des montagnes, et rejettent à l'état de charbon fossile les fortes plantes des temps lointains. Nous ne pouvons cependant oublier que là naquit l'excellent peintre André Schiavonne : et si, comme le rapporte la tradition, Sebenico a aussi donné le jour à Marco Polo, le nom de ce hardi voyageur suffirait pour donner une illustration littéraire à cette humble cité dalmate.

Pour arriver dans l'intérieur de Sebenico, il faut se résigner à franchir des défilés d'une saleté pareille à celle des plus sales villes turques, à gravir par une longue suite de gradins boueux, brisés, glissants, des rues hideuses ; mais ces rues conduisent à un marché qui offre au regard de l'étranger un spectacle très-intéressant et à la place *dei Signori*.

Sur la place est une de ces loges vénitiennes,

galeries à colonnes où les magistrats rendaient la justice et faisaient publiquement infliger un châtiment au coupable. Sur cette même place est une cathédrale, décrite avec admiration par plusieurs voyageurs. La loge de Sebenico, avec son élégante colonnade, est occupée aujourd'hui par un casino. La cathédrale est ébranlée par l'âge. Je n'ai pu, à mon grand regret, la contempler qu'à travers les interstices d'un immense échafaudage employé à sa reconstruction. Un de ses côtés était cependant dégagé de cette malheureuse enveloppe, et sur ce côté j'ai vu un long cordon de têtes sculptées avec une remarquable habileté : têtes de Turcs souffrantes, grimaçantes, appliquées comme un signe vengeur aux murs du temple chrétien, et forcées d'en porter le fronton.

Le marché est inondé d'une quantité d'individus dont les costumes et la physionomie fourniraient au crayon d'un artiste une rare variété de dessins. Des musulmans de la Bosnie, avec leurs barbes épaisses, leurs amples cafetans, viennent là échanger les denrées agrestes contre les produits de l'industrie italienne. Des Morlaques y descendent de leurs forêts avec leurs longs cheveux serrés dans un cordon et tombant comme une tresse sur leur dos, avec leurs pistolets luisants et leurs poignards à la ceinture ; des Dalmates y circulent avec un vêtement copié en partie sur le nôtre et en partie sur celui des Turcs ; de belles jeunes filles à la taille élancée, à l'œil étincelant, courent d'un côté et de l'autre d'un pied léger avec une parure éclatante, jupons rouges, corsets rouges, et leurs noirs cheveux arrondis en couronnes sur leur front et nattés avec des rubans de soie rouge.

Les différentes rues qui aboutissent à ce marché ont aussi un caractère particulier. Il y a de vastes magasins où l'on ne voit que des sandales en cuir rouge, des boutiques d'orfévres qui n'étalent que de lourds colliers en boules d'argent, et d'énormes boutons que les paysans de la contrée suspendent avec orgueil à leur gilet.

Quoique la ville de Sebenico se soit peu à peu laissé enlever par d'autres villes une partie de son ancienne fortune, elle fait cependant encore un commerce qu'on évalue à la somme de deux millions cinq cent mille francs par an.

Elle a un important débouché dans la province turque qui l'avoisine, elle a près d'elle des pêcheries assez fructueuses de corail et d'éponge, et le génie industriel des temps modernes lui a ouvert un nouveau champ de labeur. A dix lieues de cette ville, sont des mines de charbon de terre qui alimentent en grande partie les bateaux du Lloyd et qu'on transporte par milliers de tonnes à Trieste. Il ne vaut pas, à beaucoup près, celui d'Angleterre, mais il se vend à très-bas prix.

Le chargement de ce charbon à bord des navires est pour le spectateur étranger aux coutumes de la Dalmatie un trait de mœurs assez surprenant. Ce sont les femmes qui portent dans de lourdes corbeilles la houille sur leur tête, tandis que leurs maris, leurs frères restent à quelques par de là tranquillement assis, causant les bras croisés et fumant leurs pipes. Les Dalmates, dans le sentiment traditionnel de leur valeur guerrière, affectent encore, à l'égard de leurs femmes, la dédaigneuse attitude que les Indiens sauvages de l'Amérique conservent envers leurs *squaws*.

Le même fait se retrouve au sein de toutes les peuplades grossières. Le christianisme a affranchi, ennobli la femme. Le christianisme lui a, par la vie de la sainte Vierge, mis au front le reflet d'un rayon divin. La civilisation lui a donné son auréole de grâce et de douceur mondaine. Là où l'homme met encore son orgueil dans sa force physique, la femme est esclave. Là où il en est venu à se complaire dans les vraies émotions du cœur, dans les délicates conceptions de l'esprit, la femme a sa couronne.

FIN DU PREMIER VOLUME

TABLE
DU PREMIER VOLUME.

I.

FRIEDRIKSHAFEN. — SAINT-GALLES.

L'Allemagne d'autrefois. — Les poëtes de Stuttgard. — Le lac de Constance. — Une retraite poétique à Friedrikshafen. — Un bateau à vapeur sur le lac. — Rorschach. — Le soir sur le montagne. — Origine de Saint-Galles. — Dévastation de l'abbaye. — Saint-Galles et ses broderies. — Les ouvriers à travers champs. — La jeune orpheline.. Page 3

II.

LES BAINS DE PFEFFERS. — SCHWYTZ.

Anciens missionnaires. — La source de Pfeffers. — Nouvel établissement. — Paysage à Ragatz. — La Tamina. — La grotte ténébreuse. — Le lac de Wallenstadt. — Zurich. Sa double physionomie. — Richterschwyl. — Le lac de Lowertz. — La vallée de Schwytz. — Goldau. — La catastrophe. — La religieuse et paisible république de Schwytz. 83

III.

LE LAC DES QUATRE-CANTONS, LE SAINT-GOTHARD, LE LAC MAJEUR.

Les bateliers du lac. — La jeune fille du Rütli. — La chapelle de Guillaume Tell. — Fluelen. — La vallée d'Altdorf. — Un matin dans les champs. — Amsteg. — La route du Saint-Gothard. — Le butin du pauvre au haut des rochers. — La Reuss dans le désert. — Andermatt, Hospenthal. — Le revers de la montagne. — Le Tessin. — Nouvelle végétation. — Le printemps près de l'hiver. — Chapelles et oratoires. — Aspect du lac Majeur. — L'Isola Bella. — Grandeur et misère.. 63

IV.

MILAN.

La douane en Lombardie. — Route impériale. — L'arc de triomphe de Milan et ses pages d'histoire. — *Sic vos non vobis*. — Le dôme. — La ville de marbre. — Les proscrits.. 98

V.

VENISE.

Examen des passe-ports. — La nuit sur les canaux. — La place Saint-Marc. — Splendeur et décadence. — Le grand canal. — Les anciens palais en ruine. — Les anciennes familles appauvries. — Palais de M. le comte de Chambord et de Mme la duchesse de Berry. — L'ancien gouvernement de Venise. — Caractère du peuple. — La musique au Lido. — Arts et littérature. — Un couvent arménien........... 165

VI.

TRIESTE.

Contraste entre Venise et Trieste. — Histoire. — Le Lloyd.

— Son origine, ses œuvres, ses succès. — Le climat de Trieste. — La vieille ville. — Prospérité croissante. — La tour de Babel du Tergesteum. — Variété de costumes. — Littérature. — Collection de Rosetti.................. 165

VII.

LE CARST. — VELDES.

La route du Carst. — Les dollinas. — Le monde souterrain. — Le lac de Lugée. — Transport de marchandises de Trieste à Laybach. — La paisible et attrayante cité de Laybach. — La vallée de Krainburg. — La Sawe en fureur. — Séquestre de la vie à Feistritz. — Lac de Veldes. — Le vieux château. — La cloche miraculeuse. — Chant populaire....... 195

VIII.

LES ZICHI.

Familles de charbonniers à Trieste. — Tradition de l'ancien temps. — Souvenir de Marmont. — Le chemin de Castelnuovo. — Tour de Montecuculli. — Les villages des Zichi. Ignorance et misère. — Intérieur des habitations. — Vêtement. — Ouvrage des femmes..................... 227

IX.

EN DALMATIE.

Curiosités historiques. — Migration et passage de différents peuples. — État de la Dalmatie dans les continuelles invasions. — La politique de Venise. — La France et ses intentions. — Le maréchal Marmont. — L'exil en Dalmatie. — Améliorations nouvelles. — Le général Mamula. — Instruction publique. — Industrie. — Produits agricoles. — Position maritime. — Population slave. — La langue slave parlée dans le paradis terrestre. — Entrée des Slaves en Orient. — Action de la Russie sur les diverses peuplades slaves. — Les Morlaques. — Mœurs et caractères. — Habitudes religieuses. — Anciennes superstitions. — Le Macich. — La Vila. — La Mara. — Les vampires. — Intérieur d'une habitation de Morlaques. — Le père roi de la famille. — La Guzla. — La femme d'Hassan-Aga.............. 249

X.

LUSSINO. — LES THWYNES.

Service de bateaux du Lloyd. — Physionomie d'un bateau dalmate. — Les Pobratimi. — Consécration religieuse des fraternités électives — Le sirocco. — Carnero carnivoro. — La vallée maritime. — Lussino. — Influence d'un curé. — Les joies du marin. — Union et vertus des gens de Lussino. — L'île de Cherso. — L'île de Veglia. — Segne et les Uscoques. — Serbes fugitifs. — Guerres contre les Turcs. — Le Goliath de Clissa. — Piraterie des Uscoques. — Plaintes de Venise. — Un ambassadeur des Uscoques — Premières mesures de rigueur de l'Autriche. — Retour des bannis à Segne. — Dispersion définitive des Uscoques. 307

FIN DE LA TABLE.

Imprimerie de Ch. Lahure (ancienne maison Crapelet)
rue de Vaugirard, 9. près de l'Odéon.

www.ingramcontent.com/pod-product-compliance
Lightning Source LLC
Chambersburg PA
CBHW052032230426
43671CB00011B/1621